성서로 만나는 노자의 세계

성서로 만나는 노자의 세계

등 록 1994.7.1 제1-1071
1쇄 발행 2013년 8월 15일

지은이 이종찬
펴낸이 박길수
편집인 소경희
편 집 김문선
디자인 이주향
펴낸곳 도서출판 모시는사람들
110-775 서울시 종로구 경운동 88번지 수운회관 1207호
전 화 02-735-7173, 02-737-7173 / 팩스 02-730-7173

인 쇄 (주)상지사P&B(031-955-3636)
배 본 문화유통북스(031-937-6100)
홈페이지 http://blog.daum.net/donghak21

값은 뒤표지에 있습니다.
ISBN 978-89-97472-47-5 03210

이 도서의 국립중앙도서관 출판시도서목록(CIP)은 e-CIP 홈페이지(http://www.nl.go.kr/ecip)에서 이용하실 수 있습니다.
(CIP제어번호:2013011459)

이종찬 지음

성서로 만나는 노자의 세계

도서출판 모시는사람들

머리말

율곡의 노자 주석서 『순언(醇言)』에 대하여

일반적으로 도교(道教)라고 부르는 사유의 세계는 동아시아 사상의 원형질로 자리 잡고 있습니다. 철학적 형태뿐만 아니라 민간의 종교적 형태로 발전해 나가는 과정에서도 그렇거니와, 이후 동아시아 사상의 주류로 알려진 유교 사상이 춘추전국시대와 진 · 한의 통일기를 거치면서 광범위한 습합이 일어나는 발자취를 들여다보아도 마찬가지입니다. 예를 들어서, 우리에게 잘 알려진 분서갱유(焚書坑儒)라는 사건을 보면 쉽사리 알 수가 있습니다. 왜냐하면 그 당시 생매장당한 이들 가운데는 이른바 유생(儒生)이라 불리는 유가(儒家)들도 몇 있었지만, 실상은 그보다 훨씬 더 많은 도가(道家)의 방외지사(方外之士)들이 희생되었기 때문이지요.

또한 중국으로 전해진 불교 사상 역시 뚜껑을 열어보면 마찬가지로 도교가 보입니다. 이른바 격의(格義)불교라는 것은 도교의 정신세계를 빌려서 인도로부터 전해진 불교의 진리를 풀어낸 것이기 때문입니다. 이 격의불교를 거친 이후에 비로소 동아시아에 폭넓게 불교가 자리잡게 됩니다. 그리고 이 같은 모습은 오늘날 세계적으로 널리 알려지면서 불교의 대명사로 자리잡은 이른바 선불교(禪佛教)의 밑거름을 이루고 있기도 합니다. 이뿐만이 아닙니다. 오늘날 우리에게 잘 알려진 주자의 성리학 또한 이러한 도교와 불교의 발자취에서 벗어날 수 없습니다. 이른바 주자학을 비롯한 성리학의 큰 틀거리도 이른바 도교와 불교의 세례를 받은 신유교(Neo-Confucianism)라는 울타리 안에 자리 잡고 있기 때문입니다.

일찍이 이러한 동아시아 시대 정신의 흐름을 정확하게 알아차린 이는, 바로 조선시대 가장 손꼽히는 사상가이자 정치가였던 율곡이었습니다. 그런 까닭에 그는 이른바 정통 주자학자들이 손가락질하며 이단으로 몰아부치는 위험을 무릅쓰고, 이 노자의 사상을 조선시대의 주요한 정신세계로 이끌어내어 성리학의 원리로 풀어 나갑니다. 이러한 모습은 그가 이 책에 이름 붙인 '참된 말씀'(醇言)이라는 제목에서도 잘 드러납니다.

물론 이 책은 송나라 동사정의 『도덕진경집해(道德眞經集解)』라는 앞선 이의 발걸음을 충실하게 따라간 것이기도 합니다. 하지만 이는 아마도 당시 조선 땅 말 많은 이들의 드잡이를 짐작하고, 동사정의 이름을 빌려 입막음하기 위한 율곡의 지혜라고 생각됩니다. 그리고 무엇보다도 중요한 사실은 이 책이 단순히 노자의 도덕경 전문을 다룬 것이 아니라는 점입니다. 율곡이라는 걸출한 인물의 해석학으로 노자의 사상을 40장으로 간추리고 다듬었기 때문에 더욱 값진 보석처럼 빛나고 있습니다.

요즈음 들어 젊은 학자들의 노자 연구가 점차로 새로운 모습을 띠면서, 철학적 흐름에서뿐만 아니라 현실적이고 실용적인 안목에서도 긍정적으로 접근하고 있다는 점은 매우 주목할 만합니다. 이런 점에서도, 조선시대 중요한 정책 입안자였던 율곡의 탁월한 노자 해석학은 더욱 의미 있는 길잡이가 되어 주리라 믿어 의심치 않습니다. 이와 더불어 앞선 이들이 먼저 수고하며 이루어놓은 발자국은 따라오는 이들이 헤메이지 않도록 하는 좋은 길잡이가 되어줍니다. 『순언』(이주행 옮김, 인간사랑, 1993)과 『율곡 이이의 노자』(김학목 옮김, 예문서원, 2001)가 바로 그것입니다. 성서는 오랫동안 낯익은 『개역성서』(대한성서공회) 본문을 따라 나란히 새겨 놓았습니다.

일평생 뜨거운 마음으로 백성과 나라를 위해 밤낮을 가리지 않고 지새우다가 치열한 삶을 남기고 한참 나이에 훌쩍 떠나간 율곡의 발걸음이 그저 많이 아쉽고 그립습니다. 그러나 그가 남긴 발자국은 21세기판 제자백가(諸子百家)라는 오늘날의 다문화, 다종교 사회를 헤쳐나가는 데 지혜를 주는 길잡이로 우뚝합니다. 그래서인지 3백년이 지난 후 이 땅에 개신교가 정착할 무렵의 각종 기록을 살펴보면, 도교적인 용어로 기독교를 전파하는 목회자들의 모습이 자주 등장합니다. 지구촌 한울타리 안에서 동서 문명이 어우러지는 현대사회에서도 커다란 등불이 되리라 생각하며 또 하나의 디딤돌 삼아 이 글을 펴냅니다. 부끄러운 글이지만, 지난해 사순절을 묵상하며 틈틈이 써서 펴낸 『성서로 만나는 중용의 세계』(모시는사람들, 2012)와 어우러져 좋은 짝을 이루게 되길 빕니다.

뱀같이 지혜롭게 살아가는 2013년 여름 장마 즈음에,
비둘기같이 내리는 이 땅의 평화를 바라며
바우살이 씀

차례 성서로 만나는 노자의 세계

1장

태초에 도(道)가 있었다

道生一 一生二 二生三 三生萬物

天地之間 其猶橐籥乎 虛而不屈 動而愈出

萬物 負陰而抱陽 沖氣以爲和

도가 하나를 낳고, 하나가 둘을 낳으며, 둘이 셋을 낳고, 셋이 만물을 낳는다.

하늘과 땅 사이는 마치 풀무와 피리를 닮았구나.

텅 비어 있으니 거칠 것이 없고, 꿈틀거리니 술술 풀려 나온다.

세상 만물이 그늘에 드리웠다가 밝은 세상을 한껏 품었고,

텅빈 기운으로 온통 어우러졌구나.

요한복음 1:1-4

태초에 말씀이 계시니라. 이 말씀이 하나님과 함께 계셨으니 이 말씀은 곧 하나님이시니라. 그가 태초에 하나님과 함께 계셨고 만물이 그로 말미암아 지은 바 되었으니 지은 것이 하나도 그가 없이는 된 것이 없느니라. 그 안에 생명이 있었으니 이 생명은 사람들의 빛이라.

율곡의 사상세계는 매우 특이합니다. 물론 그의 사상은 이른바 신유학이라 불리는 성리학의 세계, 특히 주자(朱子)의 주석에 굳건히 뿌리박고 있습니다. 하지만 그의 발자취가 원시유교 전반에 폭넓게 정통한 것은 말할 것도 없거니와, 젊은 시절 어머니의 무덤 앞에서 삶과 죽음의 문제를 놓고 씨름하다가 한때 금강산에 들어가 불교에 몸담았던 사실은 잘 알려진 일화입니다.

게다가 위에서 보여주듯 노자(老子)와 장자(莊子)의 사상을 이리저리 마음껏 휘젓고 돌아다니다가, 눈에 번쩍 뜨인 보석 같은 구절구절들을 여기저기에서 뽑아냅니다. 그리고는 말끔하게 한달음에 엮어 내는 솜씨는 마치 신들린 듯한 모습입니다. 노자와 장자가 기다랗게 늘어 놓은 삼라만상의 세계를 마치 신선의 축지법처럼 훌쩍 뛰어넘어 한 장으로 모아 놓았기 때문이지요. 그 옛날 이리저리 어지러워 헤메이기 일쑤였던 진리의 세계를 한 바늘로 꿰매어 놓은 원효가 떠오릅니다. 그 발자취가 동아시아 정신세계의 교과서로 길이 남아 선불교의 물줄기를 이루기도 했지요.

먼저 율곡은 이 부분에서 주자(朱子)의 주석을 앞에 내세워 도(道)가 태극(太極)의 세계를 가리킨다고 말합니다. 좀 어려운 이야기이지만 바로 여기에서 북송(北宋) 시절 닦아 놓았던 신유교 형이상학의 큰 틀이 자리잡게 되는 셈입니다. 그리곤 덧붙여 장자(莊

子)의 삼위일체 세계관까지 은근슬쩍 끌어들이는군요. 물론 주자를 인용한 것이니까, 이단이니 삼단이니하며 입방아 찧어대기 좋아하는 주자학 근본주의자들은 닭 쫓다가 멀거니 지붕 쳐다보는 격입니다.

하늘과 땅 그 사이에는 도(道) 이외에 아무것도 없습니다. 마치 말씀 없이는 만물이 하나도 지어질 수 없다는 성서 말씀처럼 말이지요. 그리고 텅 비어 있는 바로 그 속에서 도(道)가 꿈틀거리는 순간, 음양(陰陽)이 어우러지면서 만물이 비롯됩니다. 땅이 혼돈하고 공허하며 흑암이 깊음 위에 있던 한 처음에, 하나님의 영이 수면 위를 휘감고 돌던 바로 그때처럼 그윽하고 신비롭기 그지없습니다. 그리고 떠억 하니 '도(道)'가 선포되는 것이지요. '빛이 있으라' (창1:1-3)

새로운 천지는 이렇게 열리는 것이군요. 만물의 생명이 비롯될 때, 애오라지 말씀이신 하나님으로부터 비롯되는 것처럼 말입니다. 그리고 삼라만상을 포함해 우리는 모두 그 빛에 의지하며 살아갑니다. 물론 어두움 속에 그냥 머물러 있으면, 이 빛의 세계를 누리지 못하고 끝내 무지렁이로 스러지는 인생이겠지만 말입니다. 음과 양이 어우러지며 조화로운 세상이 가득하다고 말하는 도(道)의 세계관도 그렇거니와, 성서에서 말하듯 말씀으로 활짝 열린 이 세상은 놀랍게도 서로가 쌍둥이처럼 닮았습니다.

2
장

하나님의 나라

道生之 德畜之 物形之 勢成之 是以萬物 莫不尊道而貴德
道之尊 德之貴 夫莫之爵而常自然

도로부터 비롯되고 덕으로 길러낸다. 세상만물이 꼴을 갖추고, 때를 따라 이루어진다. 그런 까닭에 세상만물이 도를 받들고 덕을 우러르지 않음이 없다. 도를 받들고 덕이 세워짐은 누가 어쩌는 것이 아니라 언제나 저절로 그러한 것이다.

마가복음 4:26-29

또 가라사대 하나님의 나라는 사람이 씨를 땅에 뿌림과 같으니 저가 밤낮 자고 깨고 하는 중에 씨가 나서 자라되 그 어떻게 된 것을 알지 못하느니라. 땅이 스스로 열매를 맺되 처음에는 싹이요 다음에는 이삭이요 그다음에는 이삭에 충실한 곡식이라. 열매가 익으면 곧 낫을 대나니 이는 추수 때가 이르렀음이니라.

도(道)의 세계는 겉으로만 번지르르하거나 북치고 장구치며 떠들썩한 야단법석으로 이루어지는 것이 아닙니다. 그토록 부동산 떴다방을 따라 불나방처럼 부화뇌동하다가 세상이 온통 어떤 꼴이 되었을까요. 부자 나라인 일본이나 미국도 그렇거니와, 유럽 그리고 마지막으로 우리나라까지도 이렇게 빚잔치하느라고 허덕이며 고생하는 것 아닙니까. 사람 사는 세상이 아니라 승냥이떼들이 우르르 몰려다니는 삭막한 들판이군요.

산더미 같은 욕망의 거품이 폭삭 꺼지고 나니, 선진국이나 후진국, 부모와 자식, 남자와 여자, 어린이와 늙은이 가릴 것 없이 모두가 하늘 아래 무지렁이들인 것을 깨닫습니다. 이제 찬찬히 숨을 고르고 하늘을 바라봅니다. 하늘이 낳아 주셨으니, 그저 하늘이 길러주시는 만큼만, 그리고 하늘이 내려주시는 대로만 따라갑니다. 그러다 보면, 시나브로 낫을 대는 추수의 때가 성큼 눈앞에 다가오게 마련이지요.

함부로 나대며 무턱대고 이것저것 겁 없이 주무르다가는, 끝내 그것이 커다란 재앙으로 바뀌어 들이닥치기 십상입니다. 하늘이 내려주신 것을 마구 어지럽히는 바람에 아무것도 건질 수조차 없는 죽음의 땅, 죽음의 바다가 되어 버린 이웃나라가 떠오르는군요. 일본의 후쿠시마는 원자력을 구세주로 받들며 살아가는 우리를 일깨우시려고 주시는 하나님의 커다란 징조가 아닐 수 없습니다.

고개 들어 하늘을 우러러볼 줄 모르는 현대사회는 어느덧 살림의 도(道)와 하나님 나라를 잃어버렸습니다. 그리고는 죽음과 폐허의 아골골짜기*로 마냥 치닫는 꼴입니다. 제 딴에는 잘 먹고 잘 살겠다고 아등바등 차려 놓은 밥상이지만, 어느새인가 죽음의 제사상처럼 우리를 암덩어리로 바꾸어 버리는 먹거리가 되었습니다. 조금 더 편하자고 이룩해 놓은 현대 문명은 호시탐탐 우리의 목을 죄어드는 원자탄이 되어 한시도 맘 놓지 못하게 부메랑처럼 이리저리 날아다닙니다.

첨단 과학과 엄청난 지식으로 우리의 몸을 불치병에서 풀려나게 할 것 같은 현대 의학의 안락한 침상들은 또 어떻습니까. 차가운 대리석으로 거인처럼 우뚝 선 종합병원의 흰 가운을 가만히 들춰보면, 이조차도 사실은 병 주고 약 준다는 속담을 좀처럼 벗어나기 힘들게 마련입니다. 그러므로 세상 사람들이 애써 이러쿵저러쿵 꾀를 내보지만, 세상만사가 그렇거니와 만물도 그저 자연스레 도(道)의 손바닥을 벗어나지 못할 뿐입니다.

그런데 성서에서도 또한 하나님의 나라는 어떻게 되는지 도무

---

* 아골골짜기는 성서 여호수아 7장 24이하에 나온다. 전리품에 대한 탐욕으로 아간의 일족이 몰살당한 불행의 골짜기를 가리킨다.

지 알 수 없다고 말하는군요. 그저 무지렁이 인생들은 밤낮 자고 깨고 하면서 살아갈 뿐입니다. 그러한 가운데 소리 소문 없이 이루어지는 하늘나라의 신비일 따름이지요. 도와 덕이 가리키는 세계 역시 이러한 세계를 일깨워 줍니다. 그러니 동과 서를 막론하고 잠자코 두 손 모아 기도하며, 가만히 하늘이 가리키는 길을 따르는 것이 최선의 삶이라는 것은 영원한 진리인 듯합니다.

3장

졸지도 아니하고 주무시지도 아니하시리로다

道常無爲　而無不爲

도란 언제나 손가락 하나 꿈쩍도 않건만, 무엇 하나 속속들이 하지 않는 바가 없다.

시편 121:1-8

내가 산을 향하여 눈을 들리라. 나의 도움이 어디서 올꼬. 나의 도움이 천지를 지으신 여호와에게서로다. 여호와께서 너로 실족지 않게 하시며 너를 지키시는 자가 졸지 아니하시리로다. 이스라엘을 지키시는 자는 졸지도 아니하고 주무시지도 아니하시리로다.

여호와는 너를 지키시는 자라. 여호와께서 네 우편에서 네 그늘이 되시나니 낮의 해가 너를 상치 아니하며 밤의 달도 너를 해치 아니하리로다. 여호와께서 너를 지켜 모든 환난을 면케 하시며 또 네 영혼을 지키시리로다. 여호와께서 너의 출입을 지금부터 영원까지 지키시리로다.

논문 연구차 보스톤에서 머물 때, 엘리위젤(Elie Wiesel)이란 사람을 만난 적이 있습니다. 그는 나치 수용소에서 어머니와 아버지 그리고 누이들을 차례로 잃고 기적같이 살아남은 유대인이지요. 그리고 훗날 그는 노벨평화상을 받기에 이릅니다. 유대인들이 나치 수용소에서 차례차례 독가스로 죽어 갈 때의 신학적 물음을 깊이있게 다루면서, 몸소 세계 어려운 곳마다 발바닥이 닳도록 찾아 뛰어다녔기 때문입니다. 마찬가지로 '쉰들러 리스트' 라는 영화를 만들어 온 세계를 깊은 감동으로 일깨웠던 유대계 영화감독 스필버그라는 사람 역시 이와 같은 물음을 놓고 씨름을 합니다.

그들의 한결같은 질문은 이렇게 시작됩니다. 무지막지한 총칼 앞에서 어른들은 물론이고 어린이들과 노약자들까지 힘없이 쓰러져 나갈 때, 과연 그들이 섬기고 따랐던 하나님은 도대체 어디 있었는가 말입니다. 탈출하려다가 붙잡혀 온 사람들이 사형장에서 목매달려 죽어 갑니다. 그런데 어른들과 달리 몸무게가 가벼운 어린이는 좀처럼 숨이 끊어지지 않습니다. 한참이나 고통스럽게 바둥거리는 모습을 바라보던 이들 중에는 참다 못해 그만 하나님을 저주하는 모습도 나타납니다. 그때 어디에선가 이런 대답이 들려오지요. "하나님은 저기 매달려 버둥거리고 계신다." 고 말입니다. 깊은 '밤', 그저 침묵해 버린 하나님의 또 다른 얼굴입니다.

수천 년 동안 이어져 온 전통 신학과는 다르게 오늘날 현대 신학은, 이와 비슷한 하나님 물음에 그리 낯설지 않습니다.(J.몰트만 '십자가에 달리신 하나님' 참조) 그런데 현대신학만 그런 것이 아니군요. 도(道)에서 말하는 세계 역시, 전통적으로 서구 신학에서 인식해 온 절대자, 권능자, 가부장적 하나님 모습과는 상당히 다른 모습입니다. 그러기에 현대 신학에서 씨름하는 하나님 물음은 오히려 동아시아의 가르침과 상당히 가까울 수 밖에 없습니다. 그런 까닭에 도(道)와 현대 신학에서의 하나님은, 마치 아무것도 하지 못하고 그저 손을 털썩 내려 놓은 무력한 노숙자와 나그네를 많이 닮았습니다.

그렇다면 도대체 그따위 하나님이 무슨 필요가 있을까요. 이즈음에서, 문득 믿음의 조상이라 불렸던 아브라함이 떠오릅니다. 그는 이렇듯 노숙자, 나그네처럼 떠돌아다니는 이들을 잘 대접하였지요. '나그네가 없으면 천사도 없다.' 는 말이 있었던가요. 그러다가 부지불식간에 하나님을 영접하였으니 어마어마한 '대박' 이구만요.(창18:1) 이러한 아브라함의 모습은, 밥 먹고 똥 누는 우리네 삶에서 이루어지는 하나님 나라의 숨어 있는 속살을 슬그머니 보여줍니다.

그렇지요. 가만히 이 세상 돌아가는 꼴을 살펴보노라면, 하나님은 마치 아무것도 하지 않는 것 같습니다. 그런데도 시편 말씀을 기록한 이의 고백은 전혀 딴판입니다. 졸거나 주무시지도 않는 것은 물론이거니와 낮의 해와 밤의 달조차 어쩌지 못한다고 하니 말이지요. 게다가 지금부터 영원토록 그렇다고 고백하고 있으니, 어찌 보면 귀신 씨나락 까 먹는 소리 같지 않습니까.

그저 지나가는 나그네를 장막에 들여다가 따뜻한 국밥으로 먹여 살리는 것뿐이네요. 그러다가 무심코, 지나치던 천사와 하나님까지 먹여 살리는 겁니다. 이 세상 어딘가에 이 세상 만물을 그토록 따스하게 보듬고 가꾸는 손길이 곳곳에 숨어 있다는 말씀이지요. 먼 훗날 믿음의 조상으로까지 불리게 된 아브라함의 은근한 발자취를 새삼스레 다시 떠올리게 되는 이야기입니다.

신약성서 또한 이러한 맥락에서 크게 벗어나지 않습니다. 누가복음에는 우리가 잘 아는 선한 사마리아 사람의 이야기가 나오지요.(10:33) 당시 종교적 신성국가였던 유대 사회에서 정신적 지도자였던 제사장이나 레위인들은 모두 기존 종교의 시스템 안에서 좀처럼 벗어나지 못하고 그저 껍데기에 갇혀 옴짝달싹 못하는 신세입니다. 게다가 그들이 섬기는 하나님 또한 구름 타고 하늘 위에서 이리저리 빈둥거리기만 하시는군요. 그래서인지 예수님은 도리어 우리에게 물었습니다. 누가 강도 만난 자의 이웃이냐고 말입니다. 왜냐하면 하나님은 하늘에 계신 것이 아니라, 바로 강도 당하여 옷과 가진 것을 모두 빼앗긴 채로 얻어맞아 거의 죽을 지경이시니까요.

그러므로 누가의 하나님 또한 졸지도, 주무시지도 않습니다. 오히려 강도를 만나서 모든 것을 털리고 매맞아 거의 죽기 일보 직전입니다. 물론 기존 유대교의 껍데기에 갇혀 있던 제사장과 레위인들은 이러한 하나님과 아무런 관계가 없습니다. 그리고 모름지기 하나님 나라의 비밀은 우리가 생각지도 못했던 이방인, 바로 사마리아 사람을 통해 드러납니다. 시편의 하나님은 바로 이렇듯 졸지도 주무시지도 않을뿐더러, 아득히 멀리 있던 이방인, 즉 선한 사마리아인들까지 꼬드겨서 놀라운 구원의 섭리를 이어가시는 셈입니다. 그리고 앞서 택함받았다고 툭툭 털고 훌쩍 하니 지나가 버린 선민(選民)들은 이제 바깥으로 쫓겨나 슬피 울며 이를 갈고 있군요. 아하, 그래서 먼저 된 자가 나중 되고, 나중된 자가 먼저 된다고 말씀하셨나 봅니다. (마20:16)

4
장

주인의 쓰심에 합당하며

三十輻 共一轂 當其無 有車之用 埏埴以爲器 當其無 有器之用

鑿戶牖 以爲室 當其無 有室之用 故有之以爲利 無之以爲用

서른 가닥 모두 한 구멍에 모이니,

비어 있는 까닭에 수레가 굴러가는구나.

누르고 다져 그릇이 되니

깨끗이 비어 있어 쓸모있는 그릇이로다.

대문과 창문을 뚫어 집을 지으니,

비어 있는 까닭에 방이 생기는구나.

모름지기 있음으로 득이 되고,

비어 있는 까닭에 쓸모가 있네.

디모데후서 2:20 -23

큰 집에는 금과 은의 그릇이 있을 뿐 아니요 나무와 질그릇도 있어 귀히 쓰는 것도 있고 천히 쓰는 것도 있나니, 그러므로 누구든지 이런 것에서 자기를 깨끗하게 하면 귀히 쓰는 그릇이 되어 거룩하고 주인의 쓰심에 합당하며 모든 선한 일에 예비함이 되리라. 또한 네가 청년의 정욕을 피하고 주를 깨끗한 마음으로 부르는 자들과 함께 의와 믿음과 사랑과 화평을 좇으라.

어리석고 무식한 변론을 버리라 이에서 다툼이 나는 줄 앎이라.

공수래공수거(空手來空手去)라는 말이 있습니다. 어리석은 인생들이 아등바등 매여 살다가 곧잘 잊어버리곤 하는 가슴 섬뜩한 뜻이 담겨 있지요. 오죽하면 유행가 가사로 저잣거리에서 줄창 입에 오르내리기까지 할 정도가 되었을까요. 그러니 삶에서 그리 쉽지 않은 가르침이 분명한 듯 싶습니다. 겨울이 물러가고 봄기운이 부쩍 온 누리에 펴지면서 나뭇가지에도 차츰 물이 오르기 시작합니다. 웬일인지 연만하신 분들 가운데 기운이 다하여서 세상과 이별하는 일이 잦습니다. 그래서인지 디모데전서 말씀을 자주 뒤적이게 됩니다.

"그대는 이 세상의 부자들에게 명령하여, 교만해지지도 말고 덧없는 재물에 소망을 두지도 말고 오직 우리에게 모든 것을 풍성히 주셔서 즐기게 하시는 하나님께 소망을 두라고 하십시오. 또 선을 행하고 좋은 일을 많이 하고 아낌없이 베풀고 즐겨 나누어 주라고 하십시오. 그렇게 하여, 앞날을 위하여 든든한 기초를 스스로 쌓아서 참된 생명을 얻으라고 하십시오."(새번역6:17-19)

모름지기 비어 있는 그릇이 쓸모가 있는 법이니, 사람 또한 크게 다르지 않습니다. 그러므로 돈이 많다거나 세상 권력 따위를 쥐고 흔드는 사람일수록, 생명을 허락하신 하늘과 도 앞에서 부끄러운 모습을 남기지 않도록 더욱 삼가고 비어 있는 그릇이 되어야하는 셈입니다. 그래서인지 바울은 디모데와 같은 젊은 일꾼들에게, 하나님과 동역자로 일하는 이들이라면 마땅히 이러한 모습을 지녀야한다고 말합니다. 이러쿵저러쿵 말 많은 이들에게 훼방받지 않고 거리낌이 없을 때, 비로소 참된 하나님의 일꾼이 될 수 있기 때문이지요.

또한 바울은 고린도 교회에게 쓴 편지에서, 좀처럼 헤아리기 쉽지 않은 알쏭달쏭한 복음의 비밀을 자근자근 풀어 냅니다. "속이는 자 같으나 참되고, 무명한 자 같으나 유명한 자요, 죽은 자 같으나, 보라, 우리가 살고, 징계를 받는 자 같으나 죽임을 당치 아니하고, 근심하는 자 같으나 항상 기뻐하고, 가난한 자 같으나 많은 사람을 부유하게 하고, 아무것도 없는 자 같으나 모든 것을 가진 자로다"(고후6:3-10)라고 말입니다. 이렇듯 겉으로는 구멍이 숭숭 뚫려 허스름해 보여도 사실은 모든 일을 가능하게 만드는 뼈대가 바로 도(道)와 하나님 나라의 숨어 있는 진리입니다.

삐죽삐죽 튀어나온 길다란 막대기들을 하나하나 품어 내어 야무지게 굴러가도록 쓸모 있는 놈으로 바꾸려면 아무것도 없이 텅 비어 있는 구석이 필요합니다. 그제야 비로소 길쭉한 나무토막들이 제대로 수레 구실을 하게 되고, 하나님의 나라 또한 무럭무럭 자라게 마련이지요. 진흙덩이에 불과한 먼지들을 토닥토닥 다독여 우묵하게 비워 놓으면, 비로소 쓸모 있게 멋들어진 그릇이 태어나는 것이구요. 비우고 덜어낼 때 비로소 만물이 제대로 숨을 쉬며 살아난다는 이 기막힌 진리를 도(道)의 세계는 일찌감치 우리에게 일러주었습니다. 일찍이 이 진리를 깨달아 마음에 담아내던 앞선 이들이 동양과 서양에 멋진 신세계를 이루어놓았습니다. 그리고 오늘까지도 허우적거리며 살아가는 우리를 바라보고 또한 손짓하며 이 놀랍고 신령한 세계에로 부르고 있는 셈입니다. 이렇듯 동서양을 가리지 않고 울려퍼지는 천기누설(天機漏泄)의 기쁜 소식은, 어느 누구에게나 고루게 뿌려지는 따사로운 햇살과도 같이 온누리에 끝없이 가득합니다.

5장

어리석은 백성은 망하고, 그루터기는 남는다

五色 令人目盲 五音 令人耳聾 五味 令人口爽 馳騁田獵 令人心發狂 難得之貨 令人行妨 是以聖人 爲腹不爲目 故去彼取此

滌除玄覽 能無疵乎 愛民治國 能無爲乎 天門開闔 能爲雌乎 明白四達 能無知乎 生之畜之 生而不有 爲而不恃 長而不宰

다섯 가지 색깔이 사람의 눈을 어지럽게 하고, 다섯 가지 소리가 사람의 귀를 멀게 하며, 다섯 가지 맛이 사람의 입을 망쳐 버린다. 말을 몰아 사냥을 즐기다가 그만 마음까지 뒤집히게 마련이고, 아등바등 돈을 좇아 헤메다 기어코 사람의 마땅한 길을 놓쳐 버린다. 이런 까닭에 성인은 마음을 다잡고 눈앞에 있는 것에 매달리지 않는 법이다. 깨끗이 닦고 속속들이 살피되 돌아보아 스스로 한 점 부끄럼이 없는가. 천하와 백성을 두루 다스리건만 오히려 나서지 않을 수도 있는가. 하늘 문을 열고 닫지만 오히려 잠자코 물러설 수 있는가. 두루 세상을 밝게 헤아리건만 오히려 입을 다물 수 있는가. 천지가 낳고 기르는 것이다. 손수 만들었으되 이름을 내세우지 않는다. 다 이루었건만 그 무엇도 뽐내지 않는다. 한결같이 길러내지만 결코 큰 소리 내는 법이 없다.

이사야 6:9-13

여호와께서 가라사대 가서 이 백성에게 이르기를, 너희가 듣기는 들어도 깨닫지 못할 것이요 보기는 보아도 알지 못하리라 하여 이 백성의 마음으로 둔하게 하며 그 귀가 막히고 눈이 감기게 하라. 염려컨대 그들이 눈으로 보고 귀로 듣고 마음으로 깨닫고 다시 돌아와서 고침을 받을까 하노라. 내가 가로되 주여 어느 때까지니이까, 대답하시되 성읍들은 황폐하여 거민이 없으며 가옥들에는 사람이 없고 이 토지가 전폐하게 되며 사람들이 여호와께 멀리 옮기어서 이 땅 가운데 폐한 곳이 많을 때까지니라. 그중에 십분의 일이 오히려 남아 있을지라도 이것도 삼킨 바 될 것이나, 밤나무, 상수리나무가 베임을 당하여도 그 그루터기는 남아 있는 것같이 거룩한 씨가 이 땅의 그루터기니라.

옛부터 내려오는 이야기 중에 약 다려주는 마누라에 대한 일화가 생각납니다. 살아 있을 때 조강지처였던 마누라는 언제나 약 달일 때마다 들쭉날쭉이라서 썩 마음이 내키지 않았다지요. 그런데 새로 맞은 마누라는 언제나 약탕 그릇에 담긴 것이 똑같아서 그렇게 기특하고 신기했다는 겁니다. 그런데 아무래도 그렇지, 어떻게 사람 사는 세상에서 그럴 수가 있을까요.

그래서 고개를 갸웃하다가 가만히 새 마누라 약 달이는 모습을 들여다보았다지요. 아니나 다를까, 약탕을 다 졸이고 난 새 마누라는 이윽고 그릇에 담아 넘치면 내다 버리고 모자라면 물을 가져다 붓더라는 겁니다. 그러니 세상만사가 다 도토리 키재기이고, 주머닛돈이 쌈짓돈입니다. 옛 마누라나 새 마누라가 똑같은 사람일진대, 눈에 확 뜨이도록 다를 리가 없다는 것이지요. 오히려 눈에 보이지 않은 거짓 없는 마음씨로 따져 본다면 조강지처를 따라갈 수가 없는 셈입니다.

세상 사는 이치가 그렇습니다. 텔레비전의 경우를 보아도 사람들의 눈길을 다른 데로 빼앗길까 조마조마하며 한순간도 쉴 틈 없이 사람들을 어지럽게 만드네요. 그러니 여기에 매달려 먹고사는 수많은 인생들은 얼마나 마음고생하며 부대끼는지 혀를 내두를 지경입니다. 그러다 보면, 차라리 두 눈을 감고, 귀를 막아 버리는 것이 마음 편할 때가 많습니다. 그래서 현대사회를 진단하여 이른바 '군중 속의 고독' 이라고 말하기도 하지요. 장마철 물난리 속에서도 정작 먹을 물이 없어 목말라 애타는 꼴이 아닐 수 없습니다.

그래서 요즈음은 빨리빨리 달리는 인생들이 느릿느릿 걸음을 찾게 되고, 이른바 '멈추면 비로소 보이는 것들' 에 대한 생각이 굴뚝처럼 피어 오르나 봅니다. 올레길을 터벅터벅 걷는 사람들도 나날이 늘어나고, 둘레길을 하염없이 걸어가는 이들도 부쩍 많아졌습니다. 그러다가 자신의 삶에서 커다랗게 잘려져 나간 상수리나무 그루터기를 만나겠지요. 그러니 이제는 앞서 간 성인들의 발자취를 하나둘씩 찬찬히 맞춰 보는 때가 되었습니다.

그런데도 이 세상에는 여전히 눈이 가리우고 귀 막힌 채 맹목적으로 달려가는 인생들이 줄어들지 않습니다. 이제 퍼뜩 마음을 다잡고 야무지게 스스로를 돌아보아야 할 때입니다. 그리고 앞선 이들의 자취와 여전히 남아 있는 그루터기를 찬찬히 들여다보아야 하겠지요. 그렇지 않으면 마구 낭떠러지로 치닫다가 허망하게 끝나버리고 말 테니까요. 그래서 성서에서나 도(道)의 세계에서는 거듭해 그루터기를 일러 주고 있습니다.

6장

문자는 죽이고 영은 살린다

爲學日益 爲道日損 損之又損之 以至於無爲

날마다 배움으로 쌓아 나가고, 날마다 도를 행하며 덜어 나간다. 덜고 또 다시 덜어내면 이로써 무위와 다를 바 없다.

고린도후서 4:16-5:1

그러므로 우리가 낙심하지 아니하노니 겉사람은 후패하나 우리의 속은 날로 새롭도다. 우리의 잠시 받는 환난의 경한 것이 지극히 크고 영원한 영광의 중한 것을 우리에게 이루게 함이니, 우리의 돌아보는 것은 보이는 것이 아니요 보이지 않는 것이니 보이는 것은 잠간이요 보이지 않는 것은 영원함이니라. 만일 땅에 있는 우리의 장막집이 무너지면 하나님께서 지으신 집 곧 손으로 지은 것 이 아니요 하늘에 있는 영원한 집이 우리에게 있는 줄 아나니….

신학교를 졸업할 무렵이었습니다. 이제 선지동산에서의 담금질을 마무리하고 목회의 일선에 나서는 이들이 남아 있는 후배들에게 돌아가며 나름대로 한마디씩 남기는 순서가 있었습니다. 저는 그때 신학교 입학 당시 부모님이 마련해 주셨던 양복을 다시 꺼내 말쑥하게 차려 입고 참석했지요. 그러고는 위의 말씀을 본문으로 가슴에 담아 놓은 이야기를 털어놓았습니다.

어느덧 4년의 시간이 흘렀고, 양복 또한 많이 해어지고 낡았습니다. 그런데 돌이켜보면 양복을 걸치고 있는 소명(召命)은 선지동산에서의 수련 과정에서 아침마다 새롭게 태어나며 하루하루 새로운 날을 마주했습니다. 양복처럼 낡아 버리게 마련인 껍데기의 삶은 하루하루가 지나기 무섭게 먼지와 티끌처럼 삶의 거죽에 수북히 쌓일 뿐입니다. 때마다 일마다 말끔하게 빨거나 털어내지 않으면, 풀풀 냄새를 풍기며 우리 삶을 찌들게 하니 말입니다.

배움이라는 것 또한 마찬가지입니다. 모름지기 도(道)를 이루는 마음으로 잘 소화시켜야 한다는 말이지요. 그렇지 않으면 똥이나 거름처럼 냄새만 풀풀 풍기며 우리 몸에 쌓여 동맥경화를 일으키고 맙니다. '배우고 때 맞춰 몸에 익히니 이 또한 기쁘지 아니한가' (學而時習之不亦說乎)라고 공자는 말합니다. 『논어』를 펼치면 맨 첫머리에 보이는 가르침이지요.

성서에서도 늘 이와같이 신령한 복음의 세계를 잃지 말아야한다고 강조합니다. 바울 사도가 고린도교회에 보낸 편지를 통해, '문자는 죽이고 영은 살린다.' 고 일깨우신 말씀이 바로 그것이지요.(고후3:6 새번역) 때문에 문자에 꽁꽁 매여 있다 그만 폭삭 풀이 죽어 버린 유대교의 껍데기를 훌훌 벗어 버렸을 때, 바야흐로 복음이 널리 온 세상에 울려퍼집니다. 그리고 비둘기같은 성령 또한 따라서 바람처럼 이리저리 휘돌며 너른 희랍 세계에 그득하게 됩니다. 이로써 기독교가 비로소 이 세상에 드러나는 것이지요.

그러므로 성서에서 말하는 영(靈)의 세계란 그득하게 쌓아 올린 곳간 한구석에 꽁꽁 매여 있지 않습니다. 모름지기 땅에 있는 장막집이란 언젠가는 다 무너지게 마련이니까, 마치 아무것도 없는 텅빈 세계와 조금도 다를 바가 없는 셈입니다. 그러니 손으로 짓지 아니한 하늘의 영원한 집을 바라보는 성도들의 삶이란, 이 땅에서 날마다 덜어 나가는 무위(無爲)의 세계와 너무나 닮았습니다.

7장

두렵고 떨림으로 너희 구원을 이루라

治人事天 莫若嗇 夫惟嗇 是謂早復 早復 謂之重積德 重積德 則無不克 無不克 則莫知其極 莫知其極 可以長久

사람을 다스리고 하늘을 섬기는 바는 오로지 스스로 다잡는 것일 뿐이다. 대저 삼가 다잡으면 쉬이 더하게 되고, 쉬이 더하면 이내 덕이 쌓이게 된다. 덕이 거듭 쌓이면 이루지 못할 바 없고, 이루지 못할 바 없으면 누구도 그 경지를 따를 수 없다. 누구도 따를 수 없으면 길이길이 이어질 수 있다.

빌립보서 2:12-16

그러므로 나의 사랑하는 자들아 너희가 나 있을 때뿐 아니라 더욱 지금 나 없을 때에도 항상 복종하여 두렵고 떨림으로 너희 구원을 이루라. 너희 안에서 행하시는 이는 하나님이시니 자기의 기쁘신 뜻을 위하여 너희로 소원을 두고 행하게 하시나니 모든 일을 원망과 시비가 없이 하라. 이는 너희가 흠이 없고 순전하여, 어그러지고 거스르는 세대 가운데서 하나님의 흠 없는 자녀로 세상에서 그들 가운데 빛들로 나타내며 생명의 말씀을 밝혀 나의 달음질도 헛되지 아니하고 수고도 헛되지 아니함으로 그리스도의 날에 나로 자랑할 것이 있게 하려 함이라.

'하늘은 스스로 돕는 자를 돕는다.' 라는 말이 있습니다. 비슷한 뜻인데 늘 마음속에 새기며 살아가는 좌우명으로 또 하나 빼놓을 수 없는 것은, 이른바 '진인사대천명'(盡人事待天命)이라는 가르침입니다. 이와 아울러 사람의 일과 하늘의 길이 각각 다르지만 지극한 정성이면 끝내 하늘의 뜻과 하나로 어우러진다는 중용(中庸)의 가르침 또한 이 같은 맥락과 나란히 놓여 있습니다.

성서에서도 이러한 가르침은 어김없이 나타납니다. 바울 사도는 빌립보 형제들에게 보내는 위와 같은 고백을 통해 이러한 신앙의 신비를 끊임없이 우리에게 일러 줍니다. 그러기에 두 손 놓아버린 채 그저 가만히 또아리를 틀고 있는 이른바 정적주의(靜寂主義, Quietism)와는 색깔이 많이 다를 수밖에 없습니다. 또한 얼토당토않은 얘기를 주절주절 잔뜩 늘어 놓는 영지주의(靈智主義, Gnosticism) 따위의 가르침과도 그 흐름이 아주 다르지요.

18세기 유럽의 한복판에는, 자본주의 산업사회와 제국주의라는 거대한 물결에 휩쓸려 가던 영국 사회가 있었습니다. 이 무렵 '갈 때까지 가 버린' 영국 사회를 타락의 늪에서 건져내 새로운 영적 세계로 바꾸어 놓은 이가 바로 존 웨슬리(J.Wesley, 1703-1791)입니다. 그는 신약성서의 바울과 많이 닮았습니다. 종교적으로 맥없이 주저앉아 버린 영국 국교회에 새로운 바람을 일으키며 수

렁에 빠진 백성들에게 하늘의 길을 일깨워 주기 때문입니다. 석탄가루가 풀풀 날리는 탄광 그리고 떠들썩한 술집을 오락가락하며 헝클어진 삶을 살고 있던 사람들에게 진인사대천명(盡人事待天命)하는 삶을 되찾아준 것이지요.

특별히 웨슬리는, 멍하니 하늘만 바라보다 절망의 나락에 빠져버린 사람들에게 '자유의지'(自由意志, free will)라는 하늘의 선물을 보여주며 감리회 운동을 시작합니다. 그런데 이 속에 담긴 하늘나라의 비밀은, 사실 종교개혁을 일으켰던 루터의 가르침과 매우 가깝게 닿아 있습니다. 우리 모두가 하늘의 뜻을 이루는 사제의 마음으로 이 땅에서 살아가야 한다는 만인제사장 이론도 그렇거니와, 허락해 주신 직업을 통하여 하늘의 뜻을 이루어 간다는 직업소명설 등이 모두 같은 뜻을 지니고 있기 때문이지요

잊고 있었던 하늘나라의 비밀을 일깨운 것은 신약성서의 바울이나 루터 그리고 웨슬리 같은 이 뿐만이 아닙니다. 일찍이 성서에서 말하듯 우리 모두는 서로가 '하느님의 얼굴' 을 지니고 이 세상에 태어났기 때문입니다.(창1:26) 그래서 뒤늦게나마 이러한 비밀을 깨달았던 야곱 역시, 서로 죽일 듯이 으르렁대던 형 에서의 얼굴에서 '하느님의 얼굴' 을 발견하고 극적으로 화해에 이르기도 하지요.(창32:10)

모름지기 구원이라는 것은 하나님 나라의 신비로운 섭리입니

다. 도깨비 방망이처럼 그저 두들기기만 하면 금도끼 은도끼 가릴 것 없이 마구 쏟아지는 것도 아니거니와, 흥부네 지붕 위에 둥실 열렸던 박처럼 넝쿨째 저절로 굴러 들어오지도 않습니다. 다만 하늘은 우리에게 자유의지를 주실 뿐입니다. 그러므로 두렵고 떨리는 마음으로 스스로를 다잡아가며 구원을 향해 나아갑니다. 오늘도 이 귀중한 선물을 가슴에 잘 갈무리하며 하늘의 뜻을 섬기고 가꾸어 나가는 아름다운 에덴 동산의 주인공은 누구일까 자못 궁금합니다.

8장

한 가지만이라도 족하니라

少則得 多則惑
跂者不立 跨者不行
是以聖人 抱一 爲天下式 不自見故明 不自是故彰 不自伐故有功 不自矜故長 夫惟不爭 故天下 莫能與之爭
自見者不明 自是者不彰 自伐者無功 自矜者不長 其於道也曰餘食贅行 物惑惡之 故有道者不處

한두 가지라면 손에 잡히거니와, 이것저것 늘어나다 보면 헷갈리게 마련이다. 발돋움하다가는 넘어지기 쉽고, 지나치게 나대면 끝내 갈 수가 없다.

그런 까닭에 성인은 한결같이 보듬어 천하의 본보기가 된다. 스스로 드러내지 않으니 이내 밝아지고, 소리 높여 떠벌리지 않으니 밝게 드러난다. 스스로 나대지 않아도 높아지게 마련이며, 으스대지 않아도 널리 알려진다. 그 누구와도 다투는 바 없으니, 천하 누구와 더불어도 시끄러울 까닭이 없다.

떠들썩하게 나서다 보면 이내 사그라들고, 지나치게 목청을 높이면 목이 상하게 마련이다. 아등바등 애써도 이루는 바가 없으며, 스스로 으스대지만 별 볼 일 없게 된다. 이른바 도에 비추어보아 찬밥 또는 군더더기라고 말하니, 모두가 꺼리고 싫어한다. 그러니 뜻있는 자라면 마땅히 멀리할 바이다,

누가복음 10:38-42

저희가 길 갈 때에 예수께서 한 촌에 들어가시매 마르다라 이름하는 한 여자가 자기 집으로 영접하더라. 그에게 마리아라 하는 동생이 있어 주의 발아래 앉아 그의 말씀을 듣더니 마르다는 준비하는 일이 많아 마음이 분주한지라. 예수께 나아가 가로되 주여 내 동생이 나 혼자 일하게 두는 것을 생각지 아니하시나이까 저를 명하사 나를 도와주라 하소서. 주께서 대답하여 가라사대 마르다야 마르다야 네가 많은 일로 염려하고 근심하나 그러나 몇 가지만 하든지 혹 한 가지만이라도 족하니라. 마리아는 이 좋은 편을 택하였으니 빼앗기지 아니하리라 하시니라.

우리가 잘 아는 이솝의 가르침 중에 꾀많은 여우에 관한 이야기가 있습니다. 여우는 숲속에서 사냥꾼을 피하는 수많은 재주를 자랑하는 동물이지요. 그러나 정작 사냥꾼이 나타나자 그 많은 재주는 별 쓸모가 없습니다. 자신의 목숨을 구하기는커녕, 오히려 이런저런 생각을 풀어내느라 낑낑대며 제 꾀에 골똘하다가 그만 사냥꾼에게 붙잡히지 않습니까.

그런데 어리석게도 우리네 세상살이를 보면, 유독 여우만 그런 것이 아닌 듯 싶습니다. 심지어 사과 하나를 먹다가도 너무 욕심을 부립니다. 입안에 한가득 베어 먹다가 너무나 덩치가 커 제대로 삼키지도 못한 채 캑캑대기도 하고, 씹지조차 못하여 어그적거리는 우스꽝스러운 때가 종종 있으니까요. 그래서인지 아등바등하며 닦달하는 마르다에게 예수님은 넌지시 "한가지만이라도" 충분하니 괜찮다고 이르시는군요.

한 걸음 더 나아가 나라와 나라 사이의 큰일이라면 더욱 더 삼가고 조심해야 합니다. 그러니 이쯤에서 을지문덕 장군의 유명한 살수대첩 이야기를 빼놓을 수 없습니다. 수(隋)나라 양제가 백만 대군을 몰아 이 땅으로 기세 좋게 쳐들어오던 무렵일 겁니다. 막강한 군사력을 믿고 마구잡이로 쳐내려오는 그들을 보고도, 을지문덕 장군은 그저 가만히 내버려 둡니다. 이윽고 등등했던 기세가 한 풀 가라앉고 나자, 그제서야 저 유명한 여수장우중문시(與隋

將于仲文詩)로서 넌지시 하늘의 뜻을 일러주지요.

"신들린 책략은 하늘의 이치를 다하고, 빼어난 재주는 땅에 비길 바 없네. 싸움에 뛰어난 이름 널리 퍼졌으니, 이제 그만 거두어 주길 바라네."(神策究天文 妙算窮地理 戰勝功旣高 知足願云止) 그런데 어찌 된 영문인지 어리석은 지도자들은 좀처럼 이러한 이치를 깨닫지 못하는군요. 그런 까닭에 수나라는 대륙을 휩쓸며 애써 천하를 통일하였지만, 지나친 어리석음을 돌이키지 못하는 바람에 이내 역사의 뒤안길로 사라져 버리고 맙니다.

마지막 죽는 순간까지 이 세상에서 나그네로 살았던 대문호 톨스토이도 생각납니다. 그 역시 늘 이러한 가르침을 찬찬이 되풀이하곤 하지요. 그래서 그의 작품을 보면, 이리저리 끝없는 욕심에 사로잡히다가 끝내 죽음에 이르고마는 어리석은 인생들의 모습이 잘 나타나 있습니다. 그러니 동과 서를 가릴 것 없이 도(道)와 성서에서도 한결같이 이러한 가르침으로 일깨우는가 봅니다.

9장

영원히 죽지 아니하리라

知人者 智 自知者 明 勝人者 有力 自勝者 强 知足者 富 强行者 有志 不失其所者 久 死而不亡者 壽

사람을 알아보는 자는 지혜롭고, 스스로를 아는 자는 현명하다. 사람을 사로잡는 자는 힘이 넘치고, 스스로를 이기는 자는 대적할 상대가 없다. 만족할 줄 아는 자는 넉넉하고, 힘써 이루는 자는 뜻이 우뚝하다. 이를 잃어버리지 않는 자는 길이 이어지고, 죽음에도 잃지 않는다면 영원하다.

요한복음 11:25-6

예수께서 가라사대 나는 부활이요 생명이니 나를 믿는 자는 죽어

도 살겠고, 무릇 살아서 나를 믿는 자는 영원히 죽지 아니하리니 이것을 네가 믿느냐.

율곡은 이 부분을 다루면서, 공자와 그의 사랑하는 제자 안연(顔淵)을 예로 들어 풀이하고 있습니다. 아시다시피 공자와 안연은 죽은 지가 이미 수천 년이 지난 사람들입니다. 게다가 살아 있을 때는 상갓집 개처럼 이리저리 떠돌아다니면서 손가락질까지 받기도 했지요. 하지만 오늘날에는 시대와 지역을 뛰어넘어 오히려 더욱 그 이름이 해와 달처럼 찬란하게 빛나지 않느냐고 율곡은 반문합니다. 모름지기 진리의 세계를 헤아리려면 스러지지 않는 영원의 지평을 바라볼 수 있어야 한다는 말입니다.

진리와 복음의 세계는 모두가 한결같습니다. 그런 까닭에 비록 무지렁이들이 살아가는 이 세상이지만, 여전히 우리 이웃들은 꿋꿋하게 삶의 자리를 지키며 살 만한 세상으로 여기고 가꾸어 나가는 것인지도 모릅니다. 신학교 은사님 중에서 '인생은 살 만한가' 라는 제목으로 설교집을 남기신 변선환 목사님이 있습니다. 이 선생님은 생전에 후학들을 가르치며 전 세계의 신학자들이 주목할 만한 글을 여럿 남기셨습니다.

그런데 그 옛날 필화(筆禍) 사건을 겪었던 수많은 인물들처럼, 이분도 얼토당토않게 종교재판이라는 중세 시대의 낡은 유물이 되살아나면서 희생을 당하셨지요. 그렇게 어려움을 겪다가 세상을 떠나시고 세월이 꽤 지났습니다. 그런데 세월이 흐를수록 이

분에 대한 관심은 더욱 커지면서 세계 신학계의 주목을 받게 됩니다. 그래서 얼마 전 미국에서 열린 학술대회에서는 놀랍게도 세계의 여러 학자들이 모여 선생님의 사상과 신학을 기리는 주제를 가지고 토론하며 함께 세계 신학의 앞날을 준비하기도 했습니다.

그래서 옛말처럼 인생은 짧지만 진리의 세계는 그 끝을 헤아릴 수 없는 것인가 봅니다. 이처럼 진리와 복음의 세계는 짧은 인생살이에 허덕이며 살아가는 어리석은 인생들의 삶에 오롯이 보석처럼 자리잡습니다. 그리고 어둠속을 헤메이던 이들을 깨우치고, 영원을 바라볼 수 있도록 빛으로 길잡이하는군요. 사도행전에서는 이처럼 무지렁이였던 예수님의 제자들이 복음으로 거듭난 모습을 보여줍니다. 그 결과로 고기를 낚던 어부들이 병자를 고쳐주고 귀신을 내어쫓으며 사람을 살려내는 놀라운 성령의 사람으로 바뀌어 갑니다.

그러다가 커다란 어려움이 닥치기도 하지요. 그래도 이들은 좀처럼 기가 죽지 않습니다. 오히려 시간이 흐르면 이내 다 내려놓게 마련인 구름 조각만한 권세를 쥐고 있던 권력자들을 바라보며 이렇게 또박또박 말합니다. "하나님 앞에서 너희 말 듣는 것이 하나님 말씀 듣는 것보다 옳은가 판단하라. 우리는 보고 들은 것을 말하지 아니할 수 없다 하니(행4:19-20)" 도(道)와 믿음의 세계는 이렇듯 가이없고 헤아릴 수 없는 영원한 신비의 세계입니다.

10
장

천하를 얻고도 제 목숨을 잃으면

名與身 孰親 身與貨 孰多 得與亡 孰病 是故 甚愛 必大費 多藏 必厚亡 知足 不辱 知止 不殆 可以長久

세상 명예와 목숨 중에 무엇이 더 중요할까. 목숨과 재물 중에 무엇이 더 필요할까. 얻는 것과 잃는 것 중 어느 것이 더 속을 썩일까. 그러므로 지나치게 매달리면 몽땅 잃어버리게되고, 그득하게 쌓아 놓으면 반드시 망하게 마련이다. 스스로 만족하면 허물을 벗어나게 되고, 그칠 줄을 알면 위태로울 일이 없다. 그러면 길이 길이 이어질 수 있다.

마가복음 8:36-8

사람이 만일 온 천하를 얻고도 제 목숨을 잃으면 무엇이 유익하리오. 사람이 무엇을 주고 제 목숨을 바꾸겠느냐. 누구든지 이 음란하고 죄 많은 세대에서 나와 내 말을 부끄러워하면, 인자도 아버지의 영광으로 거룩한 천사들과 함께 올 때에 그 사람을 부끄러워하리라.

얼마 전 글을 읽다가 어느 스님의 재미있는 이야기를 알게 되었습니다. 해가 바뀌면 교회 못지않게 절에도 사람들이 엄청나게 몰려와서 나름대로 꿈꾸는 소망을 두 손 모아 빌게 마련이라는군요. 그런데 부처님께 열심히 비는 것도 지나치면 안 좋으니까, 웬만큼 빌었다 싶으면 그치는 것이 좋다고 생뚱맞게 이야기를 덧붙이는 것이 아니겠습니까.

아니 그래도 명색이 성직자인데, 할 수만 있다면 지극정성으로 삼천배(三千拜)까지 하라고 하면 얼마나 은혜스러울까(?), 그런 생각으로 고개를 갸웃하며 책장을 넘겼지요. 그런데 그다음 이야기에 웃음이 빵 터질 수밖에 없었습니다. 너무 열심히 빌었다가는 아예 절에서 평생 살아갈 수도 있다는 얘기였으니까요. 지금 절에 머무는 어떤 거사(居士)님은 너무 열심히 빌다가 그만 사업이 어마어마하게 대박이 났답니다. 그런데 호사다마(好事多魔)라, 몸뚱아리가 고장나는 바람에 대박이고 뭐고 다 손 털고 물러나 그 절에 살고 있다는 겁니다.

너무 열심히 빌어서 결과적으로는 수계 받지도 않은 채 승려처럼 절에서 지내게 되었으니, 어찌 보면 멋들어진 응답을 받은 셈입니다. 그런데 정작 세상에 한껏 펼쳐 보려는 뜻은, 아쉽게도 몸이 말을 듣지 않아 그냥 한바탕 꿈이 되어 버렸다는 애기입니다. 그래서 세상살이가 공평한 것인지도 모릅니다. 이쯤 되면 주섬주섬 찬송이 한 가락쯤 흘러나오게 마련이지요. "나 가진 재물 없지만, 나 가진 지식 없지만, … 공평하신 하나님이 남이 없는 것 갖게 하셨네." 그렇군요. 그러므로 살면서 우리는 그저 하나님 노래할 일밖에 없습니다. 재물이 있거나 없거나, 부귀와 명예가 들어오거나 나가거나 하는 것들에 얽매여 붉으락푸르락할 일도 없지요.

『회남자(淮南子)』에 나오는 이른바 새옹지마(塞翁之馬)에서도 이와 비슷한 이야기를 들려 줍니다. 먼 시골에 사는 늙은이에게 말이 하나 있었는데, 그만 오랑캐 땅으로 사라졌다는 겁니다. 이웃들이 혀를 차고 있는데도 노인은 그저 태연했다지요. 그러던 어느 날 멋진 짝을 이끌고 다시금 말이 돌아옵니다. 동네 사람들이 모두 떠들썩하며 횡재라고 한마디씩 하는데도, 이 노인은 시큰둥하더라는 겁니다. 아니나 다를까 그 말을 타고 나갔던 아들내미가 그만 말에서 떨어져 다리가 부러집니다. 그런데 안타까운 이웃들이 찾아와도 노인은 낯빛 하나 끄덕없이 무사태평이었다지요. 그러다가 이웃나라와 전쟁에 나서 싸움터에 젊은이들이 온통 끌려가게 되었습니다. 그러나 이 절름발이 아들내미는 다친 다리 덕분에 피비린내나는 전쟁터를 벗어나 아버지를 모시면서 목숨을 보전합니다.

우리네 인생살이가 아무리 달라 보여도 오십보 내지는 백보인 셈입니다. 너무 지나치게 매달리다가는 상채기만 얻게 되고, 이것이 깊어지면서 병이 됩니다. 더구나 판이 크게 벌어지거나 나아가 천하를 도모하는 경우를 생각해 본다면, 더욱 삼가고 두루 살펴야 하는 법입니다.

그러니 하늘이 주시는 대로 두손으로 감사히 받아, 때마다 일마다 즐거운 마음으로 찬송하며 살 일입니다. 이렇게 사는 이들에게는 그 어디든 하늘나라임에 틀림없습니다. 하루하루 우리의 삶이 어떤 모습이든지 간에, 하늘을 우러러 한 점 부끄러움이 없어야 한다고 스스로를 비추어보았던 시인도 그런 마음이었겠지요. 언젠가는 우리 모두 하나님을 만나, 부끄러움 없이 얼굴과 얼굴을 마주보아야 할 터이니 말입니다.

11
장

하나님 나라는 너희 가운데 있다

不出戶 知天下 不窺牖 見天道 其出 彌遠 其知彌少

是以聖人 不行而知 不見而名 不爲而成

집 밖에 나서지 않아도 천하를 알고, 창 밖을 보지 않아도 하늘 뜻을 헤아린다. 이리저리 찾아 헤메이게 되면, 그 깨달음은 더욱 멀어진다. 그런 까닭에 성인은 다니지 않아도 헤아리고, 드러내지 않아도 알려지며, 나서지 않아도 이루어진다.

누가복음 17:20-24

바리새인들이 하나님의 나라가 어느 때에 임하나이까 묻거늘, 예수께서 대답하여 가라사대 하나님의 나라는 볼 수 있게 임하는 것이 아니요 또 여기 있다 저기 있다고도 못하리니 하나님의 나라는 너희 안에 있느니라. 또 제자들에게 이르시되 때가 이르리니 너희가 인자의 날 하루를 보고자 하되 보지 못하리라. 사람이 너희에게 말하되 보라 저기 있다 보라 여기 있다 하리라. 그러나 너희는 가지도 말고 좇지도 말라. 번개가 하늘 아래 이편에서 번뜻하여 하늘 아래 저편까지 비췸 같이 인자도 자기 날에 그러하리라.

여기에서 율곡은 맹자의 '방심'(放心, 告子章句上)의 세계를 빌려와 주석을 달고 있습니다. 다시 말해서 원시유교의 물줄기를 도(道)의 세계에 접목시키는 셈입니다. 이렇게 놓고 따져 보면, 사실 원시유교나 도교, 제자백가 모두는 커다란 울타리 안에서 서로 도토리 키 재기 하는 꼴입니다. 마찬가지로 일찍이 불교가 동아시아에 자리를 잡으면서 형이상학적 틀을 갖추게 되자, 이 모든 것이 신유교라는 이름으로 소화되어 나타나는 것도 같은 이치이지요.

조선 땅의 율곡은 인식론에서도 이처럼 한결같이 통섭(統攝)이라는 관점에서 동아시아 사상을 풀어냅니다. 여기에서 신유교의 대가 정이천(程子)의 해석을 끌어들여 풀이하는 것도 그렇고, 『대학』의 이른바 물격(物格)에 관한 율곡의 풀이를 보아도 이와 비슷한 관점이 잘 드러납니다. 무엇보다도 이 부분에서 맹자를 이끌어내어 노자의 사상과 나란하게 풀어놓은 것은 이러한 통섭의 발걸음이 거의 절정에 달한 것이라 해도 그리 틀린 말이 아닙니다.

이 구절을 가만히 읽다 보면, 우리가 잘 아는 이야기 중에 파랑새를 찾아 온 세상 구석구석 찾아다니는 모습이 떠오릅니다. 그런데 온 세상을 헤메다 지쳐 집으로 돌아오자, 정작 파랑새는 집 뜨락에 있었다니 어이가 없습니다. 서구의 대 철학자 칸트 같은 이도 자신의 동네를 벗어나 본 적이 없다고 하더군요. 그런데도 세상 온갖 지혜와 가르침을 두루 헤아려, 조금도 어긋남이 없는 진리의 세계를 거침없이 술술 펼쳐 나갑니다. 그래서 독일 사람들뿐만 아니라 세계 모든 지성들이 한결같이 입에 올리는 대철학자로 오늘날까지 뚜렷하게 살아 있지요.

집에서 새는 바가지 밖에 나간다고 별 뾰족한 수가 있을까요. 그러니 한결같이 수신제가치국평천하를 입이 닳도록 얘기하는 수밖에 없습니다. 바로 집안에 파랑새를 놓아 두고, 온 세상 천지를 헤메며 찾아다니는 우스운 꼴을 겪지 않아도 되는 길입니다. 하나님의 나라도 도깨비 방망이가 쏟아내는 보물처럼 하늘에서 뚝 떨어지는 것으로 생각하는 이들이 꽤 많은 것 같습니다. 가만히 따져 보니 우리 안에 하나님의 나라가 있다는 말씀도 등잔 밑이 어둡다는 옛 가르침을 그대로 빼어박은 셈입니다. 우리 집 안에 있는 하나님 나라, 우리 마을 안에서 만나는 하나님 나라, 이 땅에서 이루어지는 하나님 나라가 바로 온 세상의 하나님 나라를 이루어나가는 1장 1막인 것은 동양이나 서양이 하나도 다르지 않은 셈입니다.

12
장

일체의 비결

天下有道 却走馬以糞 天下無道 戎馬 生於郊

禍莫大於不知足 咎莫大於欲得 故知足之足 常足矣

천하가 도(道)로 다스려지면 힘센 말을 끌어다 농사를 짓고, 천하에 도가 없으면 싸움터의 말이 되는 법이다. 만족할 줄 모르는 것보다 더 큰 재앙이 없고, 욕심에 사로잡히는 것보다 더 큰 근심거리가 없다. 그런 까닭에 스스로 만족할 줄 아는 것보다 더 큰 깨달음은 없다.

빌립보서 4:10-13

내가 주 안에서 크게 기뻐함은 너희가 나를 생각하던 것이 이제 다시 싹이 남이니, 너희가 또한 이를 위하여 생각은 하였으나 기회가 없었느니라. 내가 궁핍하므로 말하는 것이 아니라 어떠한 형편에든지 내가 자족하기를 배웠노니, 내가 비천에 처할 줄도 알고 풍부에 처할 줄도 알아 모든 일에 배부르며 배고픔과 풍부와 궁핍에도 일체의 비결을 배웠노라. 내게 능력 주시는 자 안에서 내가 모든 것을 할 수 있느니라.

신약성서에서 바울의 발자취를 따라가다 보면, 마치 한편의 드라마를 보는 듯한 느낌을 받을 때가 많습니다. 아마도 여러 번 죽을 고비를 넘기면서도 예수님처럼 비극적인 파국으로 치닫지 않고 극적인 반전에 이르는 경우를 생생하게 보여주기 때문이지요. 따져 보면, 그는 당시의 특권층이라 말할 수 있는 로마 시민권을 지니고 있었던 데다가, 이름난 가말리엘 문하에서 교육받으며 최상의 엘리트로 성장하였습니다. 그런 까닭에 바울은 누가 보아도 앞날이 구만리같이 창창한 사람임에 틀림없네요.

그런데 예수를 영접한 이후 그의 입에서 나오는 말을 가만히 살펴보면 꼴이 말이 아니올시다. 딱하게도 하루 끼니를 걱정해야 하는 것은 물론이거니와, 어떻게 된 영문인지 가는 곳마다 매 맞는 것과 감옥에 갇히는 일뿐입니다. 형편이 이러하니 '모가지' 가 열 개라도 모자랄 정도로 파리목숨이군요. 오나가나 온통 역마살로 가득하니 한바탕 살풀이 굿이라도 벌여야 할 판입니다. 그런데도 그는 빙그레 웃으며 태산같이 한 치도 흔들림이 없습니다.

그러더니 이 모든 것을 은총으로 바꾸어 버리는 일체의 비결을 가르쳐 준다는군요. 귀를 쫑긋하고 들어 보니 다짜고짜 이렇게 선포합니다. '내게 능력 주시는 자 안에서 내가 무엇이든 할 수 있다' 는 것이지요.(13절) 과연 그 말대로 바울은 억울하게 끌려가

사십에 하나 감한 매를 맞고도 끄떡없이 찬송하며 삽니다. 사슬에 꽁꽁 묶인 감옥 안에서조차 태산처럼 듬직하게 간수를 다둑거렸고, 끝내는 그와 온 집안이 구원의 복음에 이르도록 이끌어 주네요.(행16장) 머리카락이 희어지고 눈앞이 침침하며 몸이 제대로 말을 듣지 않을 정도로 늙어 갑니다. 그럼에도 여전히 말씀을 붙잡고서 맡겨진 사명을 감당하고자 한 치 흐트러짐 없이 뚜벅뚜벅 할 일을 챙기는 모습입니다.

천하에 그리고 내 안에 도(道)를 지니고 있다면, 힘센 말은 풍요와 평안으로 이끄는 좋은 길잡이입니다. 그러나 천하와 내 안에서 이 도를 찾기 어렵다면 , 사나운 전쟁터의 말처럼 남을 죽이거나 죽임을 당하는 일의 끄나풀이 될 뿐입니다. 그러기에 이 도를 지니고 있는 자에게는 이 세상의 어떤 재앙이라도 가까이 다가올 수 없을 겁니다. 또한 세상에 그 어떤 근심이라도 그를 사로잡을 수 없겠지요. 노자가 바라보았던 이러한 성인의 발걸음을 가만히 지켜보노라면, 문득 바울처럼 이 모든 것을 품어낼 수 있는 일체의 비결이 숨어 있는 것 같다는 생각이 슬며시 떠오릅니다.

13
장

사랑이 없으면 울리는 꽹과리가 되고

我有三寶 保而持之 一曰慈 二曰儉 三曰不敢先 夫慈故能勇 儉故能廣 不敢先 故能成器長 今 捨其慈 且勇 捨其儉 且廣 捨其後
且先 死矣 夫慈 以戰則勝 以守則固 天將救之 以慈衛之

내게 세 가지 보물이 있으니, 이로써 돌보고 다잡는다. 첫째는 사랑이요, 둘째는 아끼는 것이고, 셋째는 함부로 나대지 않는 바이다. 대저 사랑함에는 아무 두려움이 없고, 아끼는 까닭에 널리 펼치고, 함부로 나대지 않는 까닭에 비로소 큰 그릇이 될 수 있다. 그러므로 사랑하기보다 쓸데없이 만용이나 부리고, 알뜰살뜰 아끼기보다 헤프게 흥청망청하며, 한 발짝 물러서기보다 서둘러 앞서 나간다면 그저 망하는 길밖에 없다. 대저 사랑하는 마음이면 싸움에 나가도 승리하고, 성을 지킴에 흔들림이 없다. 그렇기 때문에 하늘이 구원할 때에는 사랑으로 돌보게 마련이다.

고린도전서 13:1-13

내가 사람의 방언과 천사의 말을 할지라도 사랑이 없으면 소리나는 구리와 울리는 꽹가리가 되고 내가 예언하는 능력이 있어 모든 비밀과 모든 지식을 알고 또 산을 옮길 만한 모든 믿음이 있을찌라도 사랑이 없으면 내가 아무것도 아니요 내가 내게 있는 모든 것으로 구제하고 또 내 몸을 불사르게 내어 줄지라도 사랑이 없으면 내게 아무 유익이 없느니라. 사랑은 오래 참고 사랑은 온유하며 투기하는 자가 되지 아니하며 사랑은 자랑하지 아니하며 교만하지 아니하며 무례히 행치 아니하며 자기의 유익을 구치 아니하며 성내지 아니하며 악한 것을 생각지 아니하며 불의를 기뻐하지 아니하며 진리와 함께 기뻐하고 모든 것을 참으며 모든 것을 믿으며 모든 것을 바라며 모든 것을 견디느니라. (중략) 그런즉 믿음, 소망, 사랑, 이 세 가지는 항상 있을 것인데 그중에 제일은 사랑이라.

요즈음 우리 사회에 출산율이 급작스레 떨어지니, 온 나라가 들썩이며 난리가 이만저만이 아닙니다. 그런데 출산율보다 정작 문제가 되는 것은 젊은이들이 서로 짝을 만나 결혼을 하고 가정을 꾸리는 일이 드물어졌다는 사실입니다. 젊은이들의 실업문제가 심각하니 경제적으로나 사회적으로 생활을 제대로 할 수 없다는 현실도 적잖이 영향을 주는 듯합니다. 그러나 돌이켜보면, 전쟁으로 모든 것이 폐허가 된 이후 이 땅의 아버지와 어머니들은 숟가락 하나만 쥐고 서로 만나 살림을 꾸렸습니다. 우리나라 경제를 일으켰던 전후 베이비 붐 세대는 그렇게 만들어집니다.

물론 물질적으로 넉넉한 결혼 생활은 아니었지만, 다들 부대끼면서도 서로 사랑하는 마음으로 어려운 살림살이를 이럭저럭 꾸려나갔지요. 그런데 이제 웬만큼 살 만하니까, 슬슬 돈맛에 빠져들면서 그만 황금만능주의가 판을 치는 세상으로 바뀌어 버렸습니다. 다시 말해 우리의 사랑이 그만 돈에 눈이 멀어 버렸다는 말이지요. 결국은 물질만능 사대의 사조가 이 사회를 꿀꺽 삼켜버리는 바람에 젊은 남녀들의 사랑을 가로막는 높다란 장벽이 되었습니다.

사실 아이를 키우는 일이나 결혼을 하는 것은 대부분 자기의 희생 없이는 이루어질 수 없는 것입니다. 그래서인지 집을 나서면 길거리에 '결혼은 미친 짓이다'라는 말들이 버젓이 나부끼는 것이겠지요. 사실 사랑의 본질은 바로 희생이기에 선뜻 나서기가 두렵다는 얘기입니다. 그래서인지 노자가 말하는 세 가지 보물이라는 것도 사실은 그 모두가 사랑에서 비롯되는 것입니다. 사람의 일도 그러하거니와 하늘의 일도 여기서 크게 다르지 않습니다.

바울은 신앙의 세계를 가리켜 사랑이라는 한마디로 못박아 버립니다. 북치고 장구치며 난리법석을 피워 봤자, 모든 것이 다 도로묵이라는 말이지요. 사랑이 없으면, 모든 것이 십년 공부 나무아미타불인 셈입니다. 그래서인지 요한 신앙 공동체에는 이런 비밀스러운 주문이 생겼습니다. "사랑 안에 두려움이 없고 온전한 사랑이 두려움을 내어 쫓나니 두려움에는 형벌이 있음이라. 두려워하는 자는 사랑 안에서 온전히 이루지 못하였느니라." (요일4:18)

아하 그렇군요. 모름지기 사랑에는 두려움이 없으니, 온전한 사랑이라면 모든 두려움을 훌훌 털어 버리겠지요. 그러니 사랑하는 이를 위해 조금 희생하는 것쯤이야 무어 그리 대수이겠습니까. 심지어는 총칼이 날아다니는 전쟁터에 나가도 도무지 무서울 일이 없다는 말이지요. 그러니 가만히 앉아 성을 지키는 일쯤이야 한 치라도 흔들림이 없는 셈입니다. 따라서 이런 전쟁은 보나마나 결과가 뻔하지 않겠습니까. 진정한 사랑, 온전한 사랑은 가장 어려울 때 그 빛이 발하는군요.

하기야 수많은 목숨을 앗아가 버린 전쟁터 한복판에서 바로 베이비붐 세대가 태어났으니, 동서고금을 막론하고 사랑이라고 하는 세계는 삼라만상의 수수께끼를 풀어내는 참으로 만고불변의 진리가 아닐 수 없습니다.

14
장

돌들로도
아브라함의 자손이 되게 하시리라

人之生也 柔弱 其死也 堅强 草木之生也 柔脆 其死也 枯槁

故堅强者 死之徒 柔弱者 生之徒 是以兵强則不勝 木强則共

故堅强 居下 柔弱 處上

天下柔弱 莫過於水 而攻堅强 莫之能勝 其無以易之

故 柔勝剛 弱勝强 天下莫不知 莫能行

是以聖人 言 受國之垢 是爲社稷主 受國不祥 是爲天下王

무릇 사람이 태어남에 부드럽기 그지없지만, 죽음에 이르면 딱딱하게 굳어진다. 풀과 나무가 연하고 파릇파릇하게 피어나지만, 죽어 버리면 말라 비틀어지게 마련이다. 그런 까닭에 너무 고지

식한 이들은 스러지게 마련이고, 너그러운 이들은 살아남는다. 마찬가지로 군대가 강하면 승리할 수가 없고, 나무가 곧으면 베임을 당한다. 그런 까닭에 철석같이 굳센 것은 차선책이고, 따사롭게 돌보는 것이 상책이다.

천하에 부드러운 것으로 물보다 나은 것이 없다. 이에 견고하고 강한 것을 치니 그 무엇도 맞서 이기는 바가 없다. 이것은 바꿀 수 없는 이치이다. 그러므로 부드러움이 딱딱한 것을 무너뜨리고, 물러섬이 강함을 이긴다. 천하가 모르는 바 아니지만 좀처럼 이를 이루지 못한다.

그러므로 나라의 온갖 허물을 다독거리면 사직(社稷)의 기둥이 되는 것이고, 구석구석 나라의 어려움을 보듬으면 천하의 왕이 된다고 성인이 말하는 것이다.

누가복음 3:7-12

요한이 세례 받으러 나오는 무리에게 이르되, 독사의 자식들아 누가 너희를 가르쳐 장차 올 진노를 피하라 하더냐. 그러므로 회개에 합당한 열매를 맺고 속으로 아브라함이 우리 조상이라 말하지 말라. 내가 너희에게 이르노니 하나님이 능히 이 돌들로도 아브라함의 자손이 되게 하시리라. 이미 도끼가 나무 뿌리에 놓였으니 좋은 열매 맺지 아니하는 나무마다 찍혀 불에 던지우리라.

무리가 물어 가로되 그러하면 우리가 무엇을 하리이까 대답하여 가로되 옷 두 벌 있는 자는 옷 없는 자에게 나눠줄 것이요 먹을 것이 있는 자도 그렇게 할 것이니라 하고, 세리들도 세례를 받고자 하여 와서 가로되 선생이여 우리는 무엇을 하리이까 하매 가로되 정한 세 외에는 늑징치 말라 하고, 군병들도 물어 가로되 우리는 무엇을 하리이까 하매 가로되 사람에게 강포하지 말며 무소하지 말고 받는 요를 족한 줄로 알라.

세례 요한과 예수님은 나란히 한 배를 탄 이스라엘의 종말론적 공동체였습니다. 사자후(獅子吼)를 외치던 요한이 요단강에서 예수님에게 세례를 베풀었으니 오늘날로 말하자면 정신적인 멘토인 셈이지요. 그런데 그 당시 권력을 쥐고 있던 헤롯에게 밉보여 그만 옥에 갇히고 맙니다. 그래도 백성들의 존경을 한몸에 받고 있던 선지자인 까닭에 임금이라도 함부로 그를 어쩌지 못하지요. 이러한 세례 요한의 카리스마는, 오늘 본문 말씀처럼 남녀노소는 물론이고 나랏님이나 무지렁이 그 누구의 눈치도 아랑곳하지 않고 가차없이 외쳐대는 말씀에서 비롯됩니다.

당시 이스라엘은 모두 지독한 외곬 선민주의에 빠져 있었던 듯합니다. 믿음의 조상으로 우러러보는 아브라함의 택하신 후손들이라는 자부심이 그득했기 때문이지요. 그러나 세례 요한의 생각은 영 딴판입니다. 회개하고 합당한 열매를 맺지 못하면, 아브라함의 후손이라는 이름은 개떡처럼 허울 좋은 껍데기일 뿐이니까요. 그런데도 계속해서 그런 꼴로 살아간다면, 참다 못한 하나님은 길거리 돌덩이들로 아브라함의 자손을 삼으실 거라면서 요한은 가차없이 독설을 퍼붓습니다. 게다가 한 술 더 떠서 이미 나무뿌리에 도끼가 놓여 있으니, 찍혀 불에 타들어 갈 작정을 하라는 무시무시한 공갈 협박까지 덧붙이는군요.

딱딱하게 굳어져 버린 이스라엘 백성들의 선민사상을 일깨우기 위해 극단적인 언행을 보여주는 이 같은 세례 요한의 모습은 어느 정도 효과가 있었던 것 같습니다. 몰려온 백성들이 가지고 있는 여러 벌 옷을 주섬주섬 챙겨 헐벗은 자들에게 나누어주기도 하니까요. 게다가 그다지 아쉬울 것 없어 보이는 세리와 군인들까지 뭔가 뜨끔했는지 하나둘씩 찾아옵니다. 그리고는 세례요한이 퍼붓는 독설에도 다소곳한 모습으로 귀를 기울이네요. 어떤 이들은 자신들의 죄악을 뉘우치면서 세례를 받으려고 합니다.

예수님의 경우도 세례요한과 크게 다르지 않습니다. 예수님의 비유 중에 나타나는 선한 사마리아 사람 이야기는 대표적입니다. 잘 아다시피 여기에 등장하는 제사장과 레위 사람은 이스라엘의 선택받은 민족 신앙을 대표하는 인물들이지요. 그런데 예수님이 펼쳐 놓는 이야기에서 닮아야 하는 모범 인물은 유대교를 대표하는 제사장이나 레위인들이 아닙니다. 오히려 혼혈 민족이라고 손가락질하며 업수이 여기던 사마리아 사람이었습니다. 게다가 예수님의 치유사역에 등장하는 이방인 백부장의 이야기를 보면 더욱 놀라지 않을 수 없습니다. "예수께서 들으시고 저를 기이히 여겨 돌이키사 좇는 무리에게 이르시되 내가 너희에게 이르노니 이스라엘 중에서도 이만한 믿음은 만나 보지 못하였노라 하시더라."(눅7:9) 목에 힘주고 다니던 이스라엘은 오히려 쥐구멍에라도 들어가야 할 판이군요.

그러니 아브라함의 자손이라 뻐기면서 너무 어깨에 힘이 들어가거나 머리를 곧추 세우고 우쭐할 필요가 없습니다. 오히려 부드럽고 겸손한 마음으로 하나님의 뜻이 어디에 있는가를 온전히 헤아리는 것이 더욱 중요하겠지요. 그래서인지 엘리 제사장의 아들들과 사무엘의 자녀들 이야기를 읽다 보면, 웬지 두렵고 떨리지 않을 수 없습니다. 하늘의 뜻을 이루기는커녕 오히려 아버지의 이름을 부끄럽게 만드는 엉뚱한 망나니 모습뿐이니 말입니다.

사직의 주인이 되고 나라의 웃어른이 된다는 것이 그리 쉬운 일이겠습니까. 물처럼 가장 낮은 곳에서 모든 이들을 고루 보듬어낸다는 것은 동서고금을 가리지 않고 언제나 풀기 어려운 숙제임에 틀림없습니다.

15
장

오늘 밤 네 영혼을 도로 찾으리니

持而盈之 不如其已 揣而銳之 不可長保 金玉滿堂 莫之能守
富貴而驕 自遺其咎 功成名遂身退 天之道

넘치도록 채우려 하는 것보다 차라리 그대로가 낫고, 조마조마하며 날을 벼리는 것보다 그냥 놓아 두는 것이 오히려 낫다. 보물이 집안에 그득하나 능히 지킬 수 없고, 부귀가 넘쳐나면 스스로 재앙을 부르는 것이다. 부귀와 명성이 가득할 때 스스로 돌이키는 것이 곧 하늘의 뜻이다.

누가복음 12:16-21

또 비유로 저희에게 일러 가라사대 한 부자가 그 밭에 소출이 풍성하매, 심중에 생각하여 가로되 내가 곡식 쌓아 둘 곳이 없으니 어찌 할꼬 하고 또 가로되 내가 이렇게 하리라. 내 곡간을 헐고 더 크게 짓고 내 모든 곡식과 물건을 거기 쌓아 두리라. 또 내가 내 영혼에게 이르되 영혼아 여러 해 쓸 물건을 많이 쌓아 두었으니 평안히 쉬고 먹고 마시고 즐거워하자 하리라 하되, 하나님은 이르시되 어리석은 자여 오늘 밤에 네 영혼을 도로 찾으리니 그러면 네 예비한 것이 뉘 것이 되겠느냐 하셨으니, 자기를 위하여 재물을 쌓아 두고 하나님께 대하여 부요치 못한 자가 이와 같으니라.

우리나라에 얼마전에 이른바 '최진실법'이라는 것이 생겼습니다. 2013년부터 새롭게 시행되는 이 법은 양육아동의 친권과 재산관리권을 다루고 있습니다. 다시 말해 친부모 중 한 명이 사망했을 때, 양육권과 재산관리권이 자동적으로 남은 사람에게 부여되는 것을 막기 위한 법률이지요.

언뜻 생각해보면 자연스러운 천륜을 거스르고 이치를 가로막는 느낌이니, 고개를 갸웃거리게 만드는 이야기입니다. 하지만 잘 살펴보면 여기에는 양육권과 관련된 재산 문제가 복잡하게 얽혀 있다는 사실을 알 수 있습니다.

돈이 어마어마하게 많다면, 나를 낳아 주신 엄마, 아빠의 문제도 아주 다른 나라 얘기가 되어 버리는 세상이 되었습니다. 어이없게도 모두가 주인 모르는 돈 때문에 벌어지는 일입니다. 돈을 하나님으로 여기는 우리가 모두 감놔라 배놔라 하는 하는 통에, 이른바 최진실법이라는 것이 기어코 대한민국 사회에 떠억하니 등장하기 때문이지요.

앞길이 창창한 아이들에게서 엄마와 아빠, 그리고 외삼촌을 비롯한 멀고 가까운 이들이 모두 저승사자 도포자락에 휘말려 사라졌습니다. 그나마 남아 있는 돈이, 이 지긋지긋한 죽음의 굿판에서 아이들을 건져내어 행복하게 보호해 주는 울타리가 되어 줄까요.

가까운 이웃에 세계에서 손꼽히는 항공사의 대표가 살던 집이 있습니다. 그런데 대궐같이 으리으리한 곳은 사실 아무도 살지 않는 빈집입니다. 부러울 것 없는 아들 딸네미들이 서로 차지하고자 수십년간 다툼이 끊이지 않기 때문이지요. 게다가 세계에서 손꼽히는 삼성가의 옛 주인이 살던 집도 마찬가지로 귀신이 사는 빈집이라고 뉴스에 나오더군요. 그래서 요즈음 우리를 빗대어 천민자본주의라고 부르기도 하는가 봅니다.

이런 일은 물론 오늘날에만 벌어지는 일은 아닙니다. 또한 그들에게만 벌어지는 일도 아닙니다. 그 누구라도 자신 있게 장담할 수 없는 것은 물론입니다. 그래서 모두에게 이를 깨우치는 말씀으로 성서에서도 도(道)의 세계에서도 이와 관련된 이야기를 남겨 놓은 것이겠지요.

16
장

크고자 하는 대로 남을 섬겨라

貴以賤爲本 高以下爲基 是以侯王 自謂孤寡不穀
此其以賤爲本邪 非乎

귀한 것은 천한 것으로 바탕을 삼고, 높은 것은 낮은 바로 터를 삼는다. 이런 까닭에 세상 임금들이 스스로를 낮추고 부족하며 선하지 못하다고 말한다. 바로 이것이 천함으로 본을 삼은 것이 아니겠는가.

마가복음 10:42-45

예수께서 불러다가 이르시되 이방인의 소위 집권자들이 저희를 임의로 주관하고 그 대인들이 저희에게 권세를 부리는 줄을 너희가 알거니와, 너희 중에는 그렇지 아니하니 너희 중에 누구든지 크고자 하는 자는 너희를 섬기는 자가 되고, 너희 중에 누구든지 으뜸이 되고자 하는 자는 모든 사람의 종이 되어야 하리라. 인자의 온 것은 섬김을 받으려 함이 아니라 도리어 섬기려 하고 자기 목숨을 많은 사람의 대속물로 주려 함이니라.

한국 개신교 초기 선교사 가운데 아펜젤러 목사가 있습니다. 그는 개화기 무렵 고종 황제로부터 의료와 교육사업에 관한 허락을 받아 이 땅에 병원과 학교를 세웁니다. 바로 그때 고종 황제가 지어준 학교 이름이 바로 인재를 길러낸다는 뜻의 배재학당입니다. 이 학교의 교장이었던 아펜젤러 목사는 학교의 교훈을 마가복음 말씀에서 끌어옵니다. 즉 "으뜸이 되고자 하는 자는 모든 사람의 종이 되어야 한다(欲爲大者 當爲人役)"는 가르침이 그것입니다.

이러한 가르침에 따라 이곳에서 길러진 많은 이들이 오늘날까지 우리나라 근대사의 산증인으로 이어져 내려옵니다. 삼천리 방방곡곡에서 이 땅의 독립을 위해 몸과 마음을 바치다 줄줄이 옥에 갇히기도 하고요, 또한 나라를 잃은 이후에는 머나먼 이국 땅 세계 방방곡곡을 떠돌기도 합니다. 그런 어려운 살림살이 속에서도 자기의 편안함보다는 나라와 백성을 살리는 귀중한 일에 뜻을 모으고 모금을 하면서 독립운동을 도왔습니다.

동아시아의 정신세계를 이루는 뿌리를 들여다보면, 이른바 13경이라 부르는 경전 중에 『효경』을 근간으로 한 전통을 빼놓을 수가 없습니다. '우리 몸은 부모 주신 바라, 함부로 다루지 않음이 효의 시작이요(身體髮膚 受之父母 不敢毁傷 孝之始也)' 라는 가르침이 바로 그것이지요. 우리가 노래하듯이 읊어대기에 잘 아는 이야기입니다. 그런데 바로 여기에 잇대어 나타나는 상응 구절은 바로 다음과 같습니다. '몸 바쳐 도를 이루고, 후세에 이름을 남겨 부모를 높이는 것이 효의 마지막이다(立身行道 揚名於後世 以顯父母 孝之終也)' 라는 것이지요.(孝經, 開宗明義章)

일반적으로 동양의 전통에서는 이른바 입신양명(立身揚名)을 과거제도 구조에만 국한해 '출세' 지향성으로만 해석하는 것이 보통입니다. 그런데 사실 입신과 양명 사이에는 바로 행도(行道)라는 삶의 현장이 빠져서는 결코 안 된다는 이야기입니다. 그런데 선부른 해석때문에 '모로 가도 서울만 가면 된다.' 라는 사고방식이 우리 사회에 널리 퍼져 버린 것이지요. 요즈음 나라를 위해 일하겠다고 나서는 공직자들의 뒷모습을 보면, 우리같은 무지렁이조차 혀를 끌끌 차고마는 부끄러움들로 가득합니다.

그냥 몰랐으면 모르는 대로 지나치게 마련이니, 그저 무지렁이로 삶을 마쳤다면 차라리 다행입니다. 배웠다는 이들이 입신양명에만 연연하다가 행도의 단계를 제대로 이루지 못해 영원토록 나라 팔아먹은 매국노로 이름이 남게 되는 이도 있지 않습니까. 그래서인지 대한제국 말 전라도 시골땅에 묻혀 살던 매천 황현(1855-1910)이라는 분은 『매천야록』이라는 역사를 남기다가, 이윽고 나라를 잃게 되자 부끄러움을 스스로 감당하며 목숨을 내려놓습니다.

자칫 잘못하다가 예수님의 십자가는 까맣게 잊어버리고, 호산나 외치는 군중의 환호와 열광에 취해 버리기 십상입니다. 그러다가 그만 덩달아 날뛰며 자리다툼하고 감투싸움하던 제자들의 예루살렘 발걸음이 되기 마련이지요. 그래서 사순절에 예루살렘으로 올라가는 제자들이 기억해야 할 말씀은, 오히려 바닥까지 내려가는 도마의 처절한 신앙고백이라고 성서는 말합니다. "우리도 주와 함께 죽으러 가자."(요11:16)며 신들메를 질끈 동여매고 죽음을 무릅쓰던 제자는 도마뿐이었으니까요.

노자가 이르는 바도 그러하거니와 십자가의 길이라는 것도 여기에서 크게 벗어나지 않습니다. 입신(立身)과 양명(揚名)에 이르는 행도(行道)의 세계라는 것은 이렇듯 고통스럽고 험난한 가시밭길이었으니 심히 두렵고 떨리는 것 뿐입니다.

17장

각각 자기보다 남을 낮게 여기고

上善 若水 水 善利萬物 又不爭 處衆人之所惡 故幾於道

江海所以能爲百谷王者 以其善下之 故能爲百谷王 是以聖人

以言下之 以身後之

是以處上而人不重 處前而人不害 天下 樂推而不厭

가장 좋은 선이란 마치 물과 같다. 물은 세상 만물을 고루 이롭게 한다. 또한 다툼이 없어 뭇사람이 꺼리는 바 또한 마다하지 않으니, 그 바탕이 도에 가깝다. 강과 바다가 모든 골짜기들의 으뜸이 되는 까닭은 가장 낮은 곳에 있기 때문이다. 이처럼 모든 골짜기의 으뜸이 되는 까닭에, 성인은 말에도 드러남이 없고 행함에도 나대지 않는다. 따라서 윗자리에 오르나 사람들이 꺼리지 않으며, 앞에 나서도 가로막는 이가 없다. 세상이 모두 즐겨 앞세우고 싫어하는 법이 없다.

빌립보서 2:1 -11

그러므로 그리스도 안에 무슨 권면이나 사랑에 무슨 위로나 성령의 무슨 교제나 긍휼이나 자비가 있거든 마음을 같이 하여 같은 사랑을 가지고 뜻을 합하며 한마음을 품어 아무 일에든지 다툼이나 허영으로 하지 말고 오직 겸손한 마음으로 각각 자기보다 남을 낫게 여기고 각각 자기 일을 돌아볼뿐더러 또한 각각 다른 사람들의 일을 돌아보아 나의 기쁨을 충만케 하라. 너희 안에 이 마음을 품으라. 곧 그리스도 예수의 마음이니 그는 근본 하나님의 본체시나 하나님과 동등됨을 취할 것으로 여기지 아니하시고 오히려 자기를 비워 종의 형체를 가져 사람들과 같이 되었고 사람의 모양으로 나타나셨으매 자기를 낮추시고 죽기까지 복종하셨으니 곧 십자가에 죽으심이라. 이러므로 하나님이 그를 지극히 높여 모든 이름 위에 뛰어난 이름을 주사, 하늘에 있는 자들과 땅에 있는 자들과 땅 아래 있는 자들로 모든 무릎을 예수의 이름에 꿇게 하시고, 모든 입으로 예수 그리스도를 주라 시인하여 하나님 아버지께 영광을 돌리게 하셨느니라.

얼마 전에 두 번씩이나 자살을 심각하게 준비했던 중년의 남자를 알게 되었습니다. 우리 사회가 짧은 시간에 급격한 사회변동과 압축 성장을 겪다 보니 삶의 자리가 유달리 치열한 모습인 경우가 대부분입니다. 'IMF 시절'의 어려움도 그렇거니와 뒤이은 국제 금융 위기를 거치면서 그러한 모습이 더욱 적나라하게 드러납니다.

따라서 많이 배웠다는 사람이나 그렇지 못한 보통 사람을 막론하고 삶의 자리에서 정신적으로 흔들리는 이들이 꽤 많은 듯합니다. 하기야 일국의 대통령을 지낸 이조차도 스스로 제 목숨을 내려놓을 정도니, 보잘 것 없는 우리네 무지렁이들은 더 말할 나위가 없을 겁니다.

따지고 보면, 이 땅에서 살아가는 우리 모두는 이러한 '삶의 자리'(Sitz im Leben)를 피할 수 없기 때문에 살다 보면 다 비슷한 경우를 겪게 마련입니다. 그럴 때마다 우리 모두에게 앞서 성서 본문의 한마디는 큰 위로가 아닐 수 없습니다. "아무 일에든지 다툼이나 허영으로 하지 말고 오직 겸손한 마음으로 각각 자기보다 남을 낫게 여기고" 살아가라는 말씀입니다. 모두가 제 잘난 멋으로 살아가는 세상 한복판에서, 서로가 어우러져 살아가야 하는 하늘 뜨락의 비밀을 넌지시 풀어 주는 셈입니다.

그런데 요즈음은 예전보다 문제가 더 심각해진 것 같습니다.

유치원 입학 무렵부터 일찌감치 머리를 들이밀고 자리다툼이 시작될 정도로 산다는 것이 그리 만만치 않기 때문입니다. 사람보다 자본이나 힘을 앞세우는 이른바 신자유주의라는 괴물이 온통 판을 좌우하는 세상이기 때문이지요. 그래서인지 요즈음 젊은 세대들은 아이를 출산하는 일을 꺼리는 것은 물론이거니와 짝을 만난다거나 아예 결혼 자체를 꿈꾸기 어려울 정도로 삶이 팍팍해져 버렸습니다.

그런데 사실 찬찬이 따져 보면, 인류의 역사 중에 일찍이 자본이나 권력이 사람을 귀중히 여겨 본 때가 있었을까요. 암만 들여다보아도 고개를 갸웃할 수밖에 없습니다. 그러니 성서나 도(道)의 세계에서 이렇듯 쉽지 않은 가르침을 주시는 것이겠지요. 무엇보다 세상 만물을 고루 이롭게 하는 바는 하늘이 지으신 자연의 모습 그대로를 닮는 것에서 비롯합니다. 물은 모름지기 가장 낮은 곳으로 흘러가면서 삼라만상을 촉촉이 적시고, 먹이고, 살리게 마련이지요. 그런데 유달리 사람 사는 동네에서만 하늘이 허락하신 자연의 흐름을 거스르니 문제가 꼬이고 맙니다.

가장 낮은 곳으로 흐르는 물처럼, 자연의 모습을 닮는다는 것이 인간세계에서는 가장 어려운 일이 되었습니다. 그런 까닭에 성서에서나 도의 세계에서 끊임없이 이렇듯 하늘의 가르침을 되풀이하여 일깨우는 것이 아닐까요. 그러므로 지구의 이쪽과 반대쪽 그리고 옛적과 오늘이라는 삶의 자리를 가리지 않고 하늘의 가르침이 울려퍼지는 것은, 자연스러운 이치를 거스르는 인간세상에서는 꼭 필요한 것이겠지요. 그렇지 않으면 마지막이라고 떠들어대지 않아도, 마치 노아의 홍수 때처럼 지면에서 다 사라져 버리고 말 테니까요.

18
장

하늘과 짝이 되는 길

善爲士者 不武 善戰者 不怒 善勝敵者 不爭 善用人者 爲之下 是謂不爭之德 是謂用人之力 是謂配天 古之極也

훌륭한 선비는 쓸데없이 무기를 들지 않으며, 잘 싸우는 자는 쓸데없이 화내지 않는다. 적을 잘 무찌르는 자는 쓸데없이 다투지 않고, 사람을 잘 다루는 자는 그들 속으로 들어간다. 이것이 바로 다투지 않는 덕이요, 이것이 바로 사람을 다루는 솜씨이다. 이를 가리켜 하늘과 짝한다고 하니, 앞선 이들의 지극한 가르침이다.

요한복음 15:14 -17

너희가 나의 명하는 대로 행하면 곧 나의 친구라. 이제부터는 너희를 종이라 하지 아니하리니 종은 주인의 하는 것을 알지 못함이라. 너희를 친구라 하였노니 내가 내 아버지께 들은 것을 다 너희에게 알게 하였음이니라. 너희가 나를 택한 것이 아니요 내가 너희를 택하여 세웠나니 이는 너희로 가서 과실을 맺게 하고 또 너희 과실이 항상 있게 하여 내 이름으로 아버지께 무엇을 구하든지 다 받게 하려 함이니라. 내가 이것을 너희에게 명함은 너희로 서로 사랑하게 하려 함이로라.

요즈음 아내는 '짝' 이라는 프로그램을 즐겨 봅니다. 아마도 스스로가 짝을 잘못 만난 것이 아닌가(?) 하는 미련 때문에 더욱 매달리는지도 모르겠습니다. 짝이 된다는 것은 이렇듯 서로의 바람이 맞아야 하는 까닭에 뜻을 이루며 살아가기가 그리 만만치 않은 법입니다. 그래서 살다 보면 이따금씩 땀흘리는 일터에서 동업을 한다든지 가수들이 서로 뜻을 맞춰 한목소리로 어울려 노래를 부르기도 합니다만, 짝을 이루며 어울리는 일들이 생각처럼 그리 오래가지 못하는 것도 다 나름대로 까닭이 있을 겁니다.

그런데 말입니다. 성서에서도 예수님께서 우리를 짝으로 삼으신다고 말씀하시는군요. 게다가 그냥 이름만 짝이 아니라 아무것도 숨기지 않는다는 겁니다. 알고 있는 것을 속속들이 모두 나누어 지니는 아주 가까운 친구로 삼는다는 말이지요. 아무리 그래도 그렇지, 동네 이장이나 면서기도 아니고 바로 하늘에 계시는 하나님이 우리의 친구가 된다니…. 그저 입이 딱 벌어질 판입니다. 게다가 덧붙이는 말씀에 따르면, 그 짝에게 무엇이든 구하면 모두 받을 수 있다고 하시는군요(16절). 시쳇말로 '대박' 도 보통 '대박' 이 아닌 셈입니다.

이러다가 싸구려 장돌뱅이들은 물론이고 장터 조무래기들까지, 짝이랍시고 엿가락 늘이듯 마구 제멋대로 놀아나는 것 아닌지 모르겠습니다. 그래서인지 모름지기 훌륭한 선비라면 제멋대로 칼과 창을 휘두르지 않는 것이 도(道)의 세계라고 노자는 우리를 일깨워 줍니다. 그렇습니다. 사실, 내 것이 아니라 하늘이 잠시 우리에게 맡겨 놓은 셈이니까 마땅히 삼가는 것이겠지요. 하늘의 뜻을 거슬러 이리저리 함부로 휘두르고 다니다가는, 하나님이 그냥 다 거두어 가실테니, 그러면 꼬락서니가 말이 아닐 테지요.

용인 지역에 강남대학교를 세우신 이호빈 목사님이라는 분이 있습니다. 이 분은 자신의 호를 우원(友園)이라고 지었는데, 이를 쉽게 풀이하지면 '더불어 숲' 이라는 뜻이 됩니다. 이 같은 마음을 지니고 있는 까닭에 이 목사님은 벗과 친구의 관계를 통해서 인간과 세상 만사의 비밀을 풀어냅니다. "그러나 마음을 함께하는 친구가 되고서 부부가 되는 게 순서가 아니겠습니까. … 아버지와 아들 사이에 마음과 마음이 함께 묶여지는 친구의 단계를 밟고서 부자의 정이, 군신의 정이 이루어지는 것이 원칙이 아니겠나." (『나를 위하여 울지 말고』, 이호빈, 강남사회복지학교출판부, 1986, 88면)

모름지기 하늘의 짝이라면 그 마음 씀씀이가 하늘을 닮아야 하는 법입니다. 그래서 서로 다투기보다는 서로의 마음속으로 들어가 서로의 얼굴이 되어 보는 지극한 경지에 이르는 것이지요, 그러는 중에 놀랍게도 하나님의 섭섭한 마음까지 헤아리고 다독거릴 줄 아는 '노아' 라는 인물까지 등장하는군요.(창 6장) 그러니 한편으로 은근히 걱정이 되기도 합니다. 과연 내가 하나님의 짝이 될 만한 그릇인가 하는 생각이 한구석에서 꾸역꾸역 피어 오르기 때문이지요.

그래서 도의 지극한 세계는 누구나 함부로 넘볼 수 없는 것인지도 모릅니다. 걸음마 배우는 발걸음처럼 서로서로 사랑하면서 하늘조차도 짝이 될 때까지 삼가는 마음 씀씀이가 필요하기 때문입니다. 그러니 성서의 가르침이나 도(道)의 세계는 글자만 다르지 지극한 가르침의 속내는 조금도 다를 바가 없습니다.

19장

아무것도 없는 자 같으나 모든 것을 가진 자

上士 聞道 勤而行之 中士 聞道 若存若亡 下士 聞道 大笑之 不笑 不足以爲道

建言 有之 明道 若昧 進道 若退 上德 若谷 太白 若辱 大器 晩成

大成 若缺 其用不敝 大盈 若沖 其用不窮 大直 若屈 大巧若拙

大辯 若訥 善者 不辯 辯者 不善 信言 不美 美言 不信

大音 希聲 大象 無形 道隱無名

훌륭한 선비는 도를 듣고 부지런히 따른다. 보통 선비는 도를 듣고도 시큰둥하다. 못된 선비는 도를 듣고 깔깔대며 웃어넘긴다. 이렇듯 웃어넘길 정도가 아니면 진정한 도라고 말할 수 없다.

옛말에 이르기를 밝은 도는 어렴풋한 모습이고, 바른 도는 물러서는 듯하며, 뛰어난 덕망은 깊은 계곡과 같고, 참 진리는 손가락질받기 일쑤이며, 큰 그릇은 느지막이 만들어진다고 한다. 크나큰 역사는 마치 모자란 듯 하지만 그 쓰임새가 어그러지지 않는다. 그득하게 꽉 찬 것은 마치 비어 있는 듯하나 그 쓰임새가 그치지 않는다. 아주 올곧은 것은 마치 두루뭉술한 것과 같고, 아주 뛰어난 솜씨는 그리 보잘 것 없어 보이며, 훌륭한 말씀은 마치 더듬는 것처럼 보인다. 선한 사람은 이리저리 둘러대지 않으니, 이러쿵저러쿵 둘러대는 이는 선하지 않다. 믿음직한 말은 꾸밈이 없고, 꾸미는 말은 믿기 어렵다.

뛰어난 소리는 들리지 않으며, 위대한 모습은 자취가 없다. 도라는 것은 드러남이 없기에 어떻게 이름할 수가 없다.

고린도후서 6:3-10

우리가 이 직책이 훼방을 받지 않게 하려고 무엇에든지 아무에게도 거리끼지 않게 하고 오직 모든 일에 하나님의 일꾼으로 자처하여, 많이 견디는 것과 환난과 궁핍과 곤난과 매 맞음과 갇힘과 요란한 것과 수고로움과 자지 못함과 먹지 못함과 깨끗함과 지식과 오래 참음과 자비함과 성령의 감화와 거짓이 없는 사랑과 진리의 말씀과 하나님의 능력 안에 있어 의의 병기로 좌우하고, 영광과 욕됨으로 말미암으며, 악한 이름과 아름다운 이름으로 말미암으며, 속이는 자 같으나 참되고, 무명한 자 같으나 유명한 자요, 죽은 자 같으나 보라 우리가 살고, 징계를 받는 자 같으나 죽임을 당하지 아니하고, 근심하는 자 같으나 항상 기뻐하고, 가난한 자 같으나 많은 사람을 부요하게 하고, 아무것도 없는 자 같으나 모든 것을 가진 자로다.

율곡은 노자 41장, 45장 81장에 걸쳐 널려 있는 비슷한 구절들을 모두 모아다가 여기 순언 19장에서 한곳으로 묶어 놓았습니다. 이렇듯 뛰어난 솜씨로 노자가 말하는 진리의 심오한 세계를 고스란히 솎아낼 수 있는 사람이 과연 세상에 또 있을까요. 게다가 지금으로부터 몇백 년 전에 한글로 토를 달아 남녀노소 빈부와 귀천을 가리지 않고 누구나 알아들을 수 있도록 속속들이 풀어놓았으니 혀를 내두를 수밖에 없습니다.

이런 율곡은 아마도 그 무렵 하늘의 뜻을 가장 잘 헤아렸던 하나님의 아들이 아니었을까 싶네요. 그래서일까 이 『순언』이라는 책이 몇십 년 전에 세상에 빛을 보았을 때, 율곡이 진짜 저자일까 하는 진정성 문제가 불거져 나올 법도 했습니다. 그런데 그 어떤 학자도 입 한번 뻥긋 하지 않은 까닭이 나름대로 다 있었던 겁니다. 그 무렵 조선 땅에서 공자와 노자를 가리지 않고 속속들이 그 마음을 헤아릴 수 있는 사람은 율곡 외에는 그 누구도 꼽을 수가 없었기 때문이지요.

2천 년 전 희랍 세계에 살던 바울이 디모데와 같은 젊은 일꾼들에게 남긴 말씀 역시도 구절구절 보석을 꿰어 놓은 듯 영롱하게 빛을 발하며 이러한 세계를 일깨워 줍니다. 바울은 모름지기 하나님과 동역자로 일하는 이들이라면 마땅히 이러한 모습을 지녀야한다고 말하는군요. 이러쿵저러쿵 말 많은 이들에게 훼방받지 않고 거리낌이 없을 때, 비로소 진정한 하나님의 일꾼이 될 수 있기 때문이지요.

그래서인지 그에게는 환난이나 궁핍과 고난 그리고 매 맞는 것과 감옥에 갇히는 것도 다반사입니다. 제대로 달게 잠을 잘 수도 없거니와, 끼니를 거르고 굶는 것 쯤이야 조금도 거리낌이 없습니다. 바울과 같이 하나도 아쉬울 것 없는 이가 참으로 무슨 역맛살 때문에 이러한 일을 겪어야 하는 것인지 도무지 아리송할 따름입니다. 도(道)의 세계도 그렇거니와 하나님 나라 또한 모두가 이처럼 헤아리기가 쉽지 않습니다.

그래서 바울은 고린도 교회에게 편지를 보내, 이렇듯 헷갈리기 쉬운 양면성을 하나씩 드러내며 알쏭달쏭하기 그지없는 복음의 세계를 자근자근 풀어냅니다. 어떤 때는 마치 속이는 자 같아서, 마치 춘향전에 나오는 상거지꼴의 이 도령과 다름없습니다. 때로는 강도만난 시체처럼 축 늘어져 마치 죽은 자나 다름없어 보이기도 하네요. 근심거리가 산더미같이 겹겹인데도 항상 기뻐합니다. 빈털터리 가난뱅이 신세임에도 어쩐 일인지 많은 사람을 부요하게 만든다고 말합니다. 겉으로는 아무것도 없는 자처럼 보여도 사실은 모든 일을 가능하게 만드는 근본적인 뼈대가 있습니다. 바로 도(道)와 하나님 나라의 숨어있는 진리입니다.

그런 까닭에 요한복음에서는 이렇게 말씀하시기도 합니다.

"진실로 진실로 네게 이르노니 사람이 물과 성령으로 나지 아니하면 하나님 나라에 들어갈 수 없느니라. 육으로 난 것은 육이요 성령으로 난 것은 영이니, 내가 네게 거듭나야 하겠다 하는 말을 기이히 여기지 말라. 바람이 임의로 불매 네가 그 소리를 들어도 어디서 오며 어디로 가는지 알지 못하나니 성령으로 난 사람은 다 이러하니라." (요3:5-8)

성서에서나 도의 세계는 보통 사람들이 그저 세상의 눈으로 보고 헤아리기에는 버거운 일이 하나 둘이 아닌 듯합니다. 그러니, 때가 이르기까지 그저 두렵고 삼가는 마음으로 두 손을 가지런히 모아 가슴에 모을 뿐입니다.

20장

꽃도 마르고 풀도 시드나

重爲輕根　靜爲躁君　是以君子　終日行　不離輜重　雖有榮觀　燕處超然

奈何萬乘之主　而以身輕天下　輕則失臣　躁則失君

飄風不終朝　驟雨不從日　天地　尙不能久　而況於人乎

무거운 것은 가벼운 것의 뿌리이고, 차분해야 다급한 일을 제대로 다스린다. 그런 까닭에 군자는 언제나 무거운 수레와 같아서, 아무리 떠들썩하여도 차분히 흔들림이 없다. 어찌 천하의 주인공이 몸을 함부로 놀리겠는가. 가벼이 움직이면 신하를 잃게 되고 너무 서두르면 임금을 놓치게 된다. 사납게 휘몰아치는 바람도 아침을 넘기지 못하고, 갑자기 쏟아지는 빗줄기 또한 채 하루에 미치지 못한다. 언제나 변함없는 천지도 이러하거늘 하물며 사람의 일이야 오죽하겠는가.

이사야 40:6-7

말하는 자의 소리여 가로되 외치라. 대답하되 내가 무엇이라 외치리이까. 가로되 모든 육체는 풀이요 그 모든 아름다움은 들의 꽃 같으니, 풀은 마르고 꽃은 시듦은 여호와의 기운이 그 위에 불이라. 이 백성은 실로 풀이로다. 풀은 마르고 꽃은 시드나, 우리 하나님의 말씀은 영영히 서리라 하라.

가파른 경사들과 씨름하면서 한참이나 숲속을 헤메던 중에, 갑자기 절벽 쪽으로 기우뚱하며 몸의 균형을 잃고 이내 다리가 허공에서 춤을 춥니다. 위험하다고 느끼는 그 순간, 다행히도 반대편에 들고 있었던 듬직한 약수통이 나의 몸무게를 붙잡아 주는군요. 막연히 짐이라고 생각하여 거추장스러워하던 것이었는데, 결정적인 순간에 위태하던 내 몸뚱아리를 구원해 준 손길이 된 셈입니다. 약수터에 오르내리다 가파른 산비탈에 놀란 가슴을 쓸어내리는데 신학교 시절 친구를 찾아 남한강에 놀러가던 때의 기억이 아련히 머리를 스치고 지나갑니다.

맞아! 그때도 그랬지. 남한강에 살던 그 친구는, 물 건너 저편으로 가서 우리 일행이 쉴 만한 곳을 찾으려고 했습니다. 그런데 야트막해 보이는 남한강의 물결은, 의외로 도도히 우리를 감싸고 도는 바람에 발걸음을 떼놓기가 쉽지 않았지요. 그때 남한강가에 살던 친구는, 선뜻 일행 중 가벼운 여자친구를 업더니 성큼성큼 발걸음을 떼놓으면서 건너편으로 훌쩍 건너갔습니다.

마치 신선이 강을 건너는 것처럼 쑥쑥 물길을 헤쳐나갔던 비결은, 오히려 한 사람을 업었을 때의 묵직한 중량감이었습니다. 그때의 무게는 버거운 짐이 아니라, 오히려 도도한 물결을 잠재우고 균형을 이루게 하는 원동력이었던 셈이지요! 덕분에 몸집이 왜소했던 나도, 양쪽에 묵직한 돌덩이를 싸안고 중심을 잡아가며 그 신선을 따라갈 수 있었습니다.

거대한 자연의 물결 앞에서 한 조각 나뭇잎처럼 흔들리는 사람의 모습을 볼 때마다, 변함없이 흐르는 깊고 은은한 가르침을 생각합니다. 거센 비바람에 부대끼며 이리저리 흔들리게 마련인 인간의 나약함에 때로는 한없이 스스로 초라해지기도 하지요. 성서의 말씀처럼 풀조차 마르고 꽃들은 시들게 마련입니다. 그러니 자연이나 사람이든 모두가 다 하늘 아래 흔들리며 왔다 가는 피조물일 따름이지요. 그런데 거대한 나이아가라 폭포 절벽 위에서 천천히 외줄을 타고 건너는 이의 손에는 균형을 잡는 막대기가 하나 있습니다. 그것은 위태하기 이를 데없는 우리네 외줄타기 인생길에서 흔들리지 않도록 붙잡아 주는 버팀대입니다.

그래서인지 듬직하게 흔들리지 않고 뚜벅뚜벅 나아가 천하를 두루 다독이는 길은 그리 쉽지 않습니다. 그러하니 여호와의 기운과 입김이 우리에게 다가올 때까지, 풀은 마르고 시드는 그때까지도 말씀을 꼭 붙들고 있어야겠지요. 그래서일까요, 시인은 노래합니다. 세상 그 어디에 흔들리지 않고 피는 꽃이 있겠습니까. 가냘프게 흔들리면서도 쉬이 꺾이지 않는 갈대의 마음을 담아 말씀을 붙잡을 뿐입니다. 그래야 우리도 풀처럼 꽃처럼 흔들리는 인생을 살면서도 영원에 잇대어 살아가는 소망을 품을 수 있기 때문이지요.

21
장

때가 단축하여진 고로

躁勝寒 靜勝熱 淸靜 爲天下正

차가울 때에는 바삐 서둘러야 하고, 더울 때는 차분해야 하는 법이다. 이처럼 한 점 흔들림 없는 모습이 천하를 올바르게 한다.

고린도전서 7:29-31

형제들아 내가 이 말을 하노니 때가 단축하여진고로 이 후부터 아내 있는 자들은 없는 자같이 하며, 우는 자들은 울지 않는 자같이 하며, 기쁜 자들은 기쁘지 않은 자같이 하며, 매매하는 자들은 없는 자같이 하며, 세상 물건을 쓰는 자들은 다 쓰지 못하는 자같이 하라. 이 세상의 형적은 지나감이니라.

어떤 이는 신앙의 세계를 이렇게 노래했습니다. 선포란 모름지기 현실을 넘어 새로운 세계를 바라보게 하는 것이라고 말입니다. 시인의 일깨움이 아니더라도 현실은 늘 우리를 슬프게도 하고 속이기도 합니다. 그런데 바울은 노예와 주인으로 얽히고설킨 이 세상의 관계조차도 신앙의 눈으로 새롭게 바꾸어놓습니다. 자유인으로 부르심을 받은 사람들은, 모름지기 하나님과 함께 살아가면서 스스로 그리스도의 노예가 되라는 것이지요. 물론 세상에서 노예의 신분으로 부르심을 받았다면, 이제 그는 주님 안에서 자유인이 되는 것은 물론입니다.(22절)

신학교 친구 중에는, 드물게도 나이 오십이 넘도록 숫총각으로 신학의 오솔길을 호젓이 걷고 있는 목사가 있습니다. 그러기에 때로는 아무런 걸리적거림 없이 홀가분하게 길을 나서는 이들의 발걸음도 은근히 꿈꾸어 봅니다. 하지만 몇 걸음만 목회길 발자욱을 돌이켜 보아도, 거친 산길을 헤치고 물길을 건너던 때가 손으로 헤아리기 어려울만큼 겹겹입니다. 그런데 그때마다 나를 지탱해 주었던 또 다른 무게는, 거추장스럽다고 생각했던 짐이었지요. 우스개 말입니다만, 줄줄이 달린 그 삶의 무게는 중심을 잃고 흔들리기 쉬운 탁발(托鉢)을 가능케 하는 원동력이었습니다. 하기야 종교개혁자 루터의 삶을 완성시킨 이는 바로 그의 내조자였다고 말하는 역사신학자도 있기는 하니까요! 빌어먹는 탁발의 길에서 좋은 반려자(伴侶者)를 만난다는 것은 언뜻 모순이지만, 개신교 목회자들에게는 좀처럼 피할 수 없는 일이기에 일련의 '불가능한 가능성'(impossible possibility)인 셈입니다.

군목으로 사역하던 시절, 10여 개의 교회를 맡아 눈코 뜰 새 없이 동가식서가숙(東家食西家宿)하며 홀로 설악산을 헤집고 다니던 때의 일입니다. 같은 군종 사역의 길을 걷고 있는 이들 중에 소위 법사(法師)라고 불리는 승려가 있었지요. 같은 지역에서 군종업무에 함께 어울렸던 인연으로 법당을 방문했다가, 거기에서 놀랍게도 차와 음식을 내오는 아리따운 그의 부인을 만날 수 있었습니다. 물론 그는 탁발(托鉢)과 출가(出家)의 기본 종지(宗旨)를 생명으로 하는 조계종 출신이었습니다.

조계종에서 대처(帶妻)라는 형식이 입에 올려질 수 없음은 천하가 다 아는 사실이지요! 그때 그 친구 법사는 어리벙벙해 있는 나에게, 특수한 집단 내에서 탁발 사역을 감당하는 승려들을 위해 다양한 형태의 성직자 이해를 내부적으로 인정한다고 일러주었습니다. 그곳에서는 나 같은 개신교 목회자가 독신(獨身)하는 탁발이 자연스러웠고, 거꾸로 불교 승려는 대처(帶妻)하는 개신교 목회자의 양태를 지니고 있었습니다.

천하라는 세상은 온통 뜨겁게 달궈져 있다가도, 어떤 때는 차갑기 그지 없는 모습으로 한순간에 바뀌기도 합니다. 그렇기 때문에 천하 한가운데 버티고 서서 제대로 자리 잡기란 그리 쉽지 않아 보입니다. 그러니 너무 뜨거울 무렵이면 차츰 식혀 가라앉아야 하는 법이고, 지나치게 차가워 꽁꽁 얼어 버리면 뜨끈뜨끈 군불을 지펴야 비로소 훈훈해지게 마련입니다. 마찬가지로 때가 때이니만큼, 삶의 자리자리에 따라 아내가 있기도 하지만 없기도 합니다. 거꾸로 보아 남편 또한 그러하겠지요. 때로 세상은 우리를 속이기도 하지만 한편으로는 환한 웃음과 커다란 기쁨을 안겨 주기도 하지요. 그러므로 어느 한순간 지나치게 이리저리 마음을 빼앗기거나 휘둘릴 까닭이 없습니다. 뜨거운 세상이든 차가운 천하이든 올곧게 바라볼 수 있는 사람은, 장터에서 이것저것 사고 파느라고 허둥지둥 바삐 다니지 않습니다. 곳간에 잔뜩 쌓아 놓은 물건을 빼앗길새라 꼭꼭 닫아 걸고 내 것이라 찜할 필요도 없고요. 그러니 쥐가 들끓지도 않을뿐더러, 도둑이 가져갈 염려 또한 없습니다. 가상세계가 마치 현실인 양 착각하여 죽자고 매달리다가 헤어나지 못한 채 폐인으로 중독되는 일도 없거니와, 그렇다고 현실을 가상세계처럼 여겨 참을 수 없을 정도로 가벼이 살아가지도 않습니다.

그래서일까요, 이 세상 형적(形迹)이 지나가는 것인 줄 알 때만이 비로소 천하를 제대로 바라볼 수 있는 눈이 트인다는 가르침은 성서에서나 도의 세계에서 한결같은 말씀입니다.

22
장

그가 찔림은 우리의 허물을 인함이요

知者 不言 言者 不知 塞其兌 閉其門 挫其鋭 解其紛 和其光 同其塵 是謂玄同 故 不可得而親 不可得而踈 不可得而利 不可得而害 不可得而貴 不可得而賤 故爲天下貴

아는 사람은 말이 없으며 말하는 사람은 알지 못한다. 멋대로 날뛰지 않으며 함부로 입을 놀려대지도 않는다. 날카로움을 누그러뜨리며, 얽히고설킨 것을 술술 풀어 나간다. 밝게 빛나지만 눈부시지도 않고, 티끌조차 더불어 어우러진다. 이로써 그윽하게 어우러진다고 말한다. 그런 까닭에 제멋대로 가까이하거나 멀리할 수가 없으며, 이롭게 하거나 해롭게 할 수도 없고, 귀하게 하거나 천하게 할 수도 없다. 이러한 까닭에 하늘이 내리신 바 귀한 사람이다.

이사야 53:5-7

그가 찔림은 우리의 허물을 인함이요 그가 상함은 우리의 죄악을 인함이라 그가 징계를 받음으로 우리가 평화를 누리고 그가 채찍에 맞음으로 우리가 나음을 입었도다. 우리는 다 양 같아서 그릇 행하여 각기 제 길로 갔거늘, 여호와께서는 우리 무리의 죄악을 그에게 담당시키셨도다. 그가 곤욕을 당하여 괴로울 때에도 그 입을 열지 아니하였음이여 마치 도수장으로 끌려가는 어린 양과 털 깎는 자 앞에 잠잠한 양같이 그 입을 열지 아니하였도다.

젊었을 때 즐겨 부르던 노래 중에 성프란시스의 기도문이 있습니다. '주여 나를 평화의 도구로 써 주소서! 미움이 있는 곳에 사랑을, 상처가 있는 곳에 평화를, 분열이 있는 곳에 일치를 절망이 있는 곳에 믿음을 심게 하소서. 사랑받기보다는 사랑하며, 이해받기보다는 이해하며, 자기를 온전히 줌으로써 영생을 얻기 때문이니….' 그래서일까요. 만해 한용운 같은 시인 역시도 암울하기 그지없던 식민지 시절 왜놈의 노예로 억눌려 살면서 안타까운 마음을 이렇듯 노래하며 살아갑니다. "산에는 다리가 없고, 물에는 배가 없어요…." ('길이 막혀' 중에서)

앞서 나온 이사야 53장의 본문은, 잘 알려진 대로 예수님이 십자가 고난을 받으실 때를 기억하며 자주 인용되는 말씀입니다. 그러기에 노자가 말하는 천하 세상의 여러 가지 물음 또한 십자가에서 씨름하는 세계와 거의 다를 바가 없습니다. 눈부시게 화려한 세계만을 말하는 것이 아니라, 먼지와 티끌 같은 모습으로 삼라만상의 구석구석 모두를 보듬고 어우러집니다. 그러니 어느 누구도 이래라저래라 할 수 없고, 내 편이니 네 편이니 가를 필요도 없는 귀하고 지혜로운 사람입니다.

그래서인지 일찍이 공자도 이렇게 말했습니다. "군자는 화이부동(和而不同)이고, 소인은 동이부화(同而不和)라." 고 말입니다.(논어, 자로편) 모름지기 군자는 어느 누구와도 어울리며 그 존재를 잃어버리지 않습니다. 하지만 소인은 자신의 입맛에 맞지 않으면 그 즉시로 얼굴을 돌리고는 갈라서게 마련이지요. 그러므로 그러한 무리들은 끼리끼리 휩쓸려 어깨동무하며 '우리가 남이가' 신나게 어울려다니는 것이 보통입니다. 그러다가도 문득 한 순간에 틀어지면 그만 서로를 물고 뜯는 승냥이 무리를 닮아 가는 것이 다반사이지요.

그러기에 이러한 세상에서 살아가다 보면, 그 무엇보다 귀하고 소중한 것이 흔들림 없이 꿋꿋한 성인의 모습이고 때로는 말없이 희생양으로 끌려가는 십자가의 발걸음입니다. 이처럼 화광동진(和光同塵)의 세계에는, 구석구석까지 보듬어 안고 찔림과 아픔으로 우리의 허물과 상처를 두루 담아 내며 말없이 희생하는 이들이 숨어 있게 마련입니다. 바로 그 덕분에 그 깊은 속을 모르는 무지렁이 같은 우리조차도, 오늘 이 시간까지 하늘 아래서 숨을 쉬고 살아갈 수 있는 소망을 품게 됩니다.

23장

어린아이와 같지 아니하면

含德之厚 比於赤子 毒蟲 不螫 猛獸 不據 攫鳥不搏

덕이 깊은 사람은 마치 어린아이와 같다. 독한 벌레가 쏘지 않으며, 사나운 짐승이 달려들지도 않고, 매서운 새가 움켜잡지 않는다.

마태복음 18:1-4

예수께서 한 어린아이를 불러 저희 가운데 세우시고 가라사대 진실로 너희에게 이르노니 너희가 돌이켜 어린아이들과 같이 되지 아니하면 결단코 천국에 들어가지 못하리라. 그러므로 누구든지 이 어린아이와 같이 자기를 낮추는 그이가 천국에서 큰 자니라.

성서를 읽다 보면 예수님이 선포하신 천국이 무엇일까 무척이나 궁금해집니다. 왜냐하면 이 천국에서 자리 차지하는 문제로 제자들끼리 투닥투닥하다가 그만 창피하게도 길거리에서까지 소리를 높였던 까닭이지요.(막9:33) 그렇잖아도 이들은 바로 이전에 벙어리 귀신 들린 어린이조차 고쳐 주지 못해 쩔쩔매던 사람들이었습니다. 무늬만 제자였던 이들이 한 구석에서 그렇게 치고 받고 난장판을 벌였는데, 그것도 모자라서 끝내는 예수님께 몰려와서 교통정리를 요청하기에 이르는군요. 그래서 나온 결론이 무엇일까요. 바로 어린아이와 같은 마음을 가진 이들만이 천국의 주인공이 될 수 있다는 겁니다.

그런데 이게 웬일입니까. 그토록 알아듣게 말씀하셨는데 상황은 조금도 나아질 기미가 안 보이는군요. 문제가 풀리기는커녕 오히려 더욱 비비배배 꼬여갈 따름입니다. "그때에 세베대의 아들의 어미가 그 아들들을 데리고 예수께 와서 절하며 무엇을 구하니, 예수께서 가라사대 무엇을 원하느뇨. 가로되 이 나의 두 아들을 주의 나라에서 하나는 주의 우편에, 하나는 주의 좌편에 앉게 명하소서(마 20:20-21)" 오늘 우리 사회에서 질펀하게 널려 있는 이른바 치맛바람이나 '사바사바' 하는 행태가 벌써 2천 년 전 유대땅에서도 하나 다르지 않았군요. 좀처럼 입이 다물어지지 않는 어리석은 우리의 자화상이 예나 지금이나 마찬가지입니다.

사태가 이 지경이니 나머지 제자들이 이를 보고 가만히 팔짱끼고 앉아만 있었겠습니까, 씩씩거리며 득달같이 나설 수밖에요. “열 제자가 듣고 그 두 형제에 대하여 분히 여기거늘”(24절) 명색이 예수님을 따라다니는 제자들이란 작자들 꼬락서니가 이게 뭡니까. 이 같은 무지렁이들을 제자랍시고 거두어서 십자가 기다리는 예루살렘을 향하여 올라가려는 예수님의 신세가 처량하기 그지없습니다.

뿐만 아닙니다. 앞서 살펴본 마가복음에서는 일련의 재미있는 사건이 뒤이어 일어나는데요. 예수님의 이름을 빌려 사람들이 마구 귀신을 내어쫓는 일에 대해 제자들이 보고하는 장면이 바로 그것입니다. 여기에서도 제자들은 어김없이 떠억 하니 앞으로 나서서 목에 힘을 줍니다. 그리고 예수 이름으로 귀신을 내어쫓는 그들을 가로막았지요. 그런데 도대체 이게 웬일입니까. ‘참 잘했어요’ 라는 칭찬을 은근히 기대하며 의기양양하여 보고하던 제자들에게, 예수님은 오히려 그리하지 말라고 타이르시네요. 도대체 왜 그러시는 걸까요. 영문 모르는 제자들은 툴툴대며 입이 뾰루퉁합니다.

모름지기 하나님의 일이라는 것은 크고 작은 구분이라든지 일등과 꼴찌 같은 계급장이 없다는 것이지요. 때문에 내 것과 네 것으로 딱 가르고 나누어 거창하게 저작권이나 우선권 내지는 독점

권을 주장하는 제자들의 모습은 참으로 우스운 꼴이 됐습니다. 하나님의 역사가 그렇게 좁은 그릇이 아니기 때문이지요. 성서에서도 어리석은 이스라엘은 자신들이 부름받은 백성이라는 사실을 까맣게 잊어버립니다. 그리고 선민이랍시고 어깨만 으쓱거리다가 봉변을 당하지 않습니까. 그래서인지 예수님은 제자들을 이렇듯 찬찬이 알아듣게 타이릅니다. "우리를 반대하지 않는 자는 우리를 위하는 자니라."(9:40)

마치 어지러운 세상에서는 여기저기에서 홍길동이 나타나고, 털을 뽑을 때마다 셀 수 없을 정도로 손오공이 벌떡벌떡 일어나는 것과 조금도 다르지 않습니다. 이렇듯 하나님의 일은 사심이 없기에 어떠한 울타리도 없습니다. 너와 나의 구별이 없는 우리 모두의 세계이기에, 언제 어디서나 헤아릴 수 없이 불같이 일어나게 마련이지요. 덕이 깊은 세계라는 것 또한 마찬가지입니다. 하늘의 일을 이루는 것은 마치 젖먹이 어린아이의 일이나 어린이 마음과도 같아서 거울처럼 맑고 숨김이 없습니다. 그러기에 독한 벌레가 쏘는 일도 없거니와 맹수와 매서운 날짐승들조차 어쩌지 못하는 것이겠지요. 일찌감치 이러한 세계를 헤아렸던 이사야는 다음과 같은 멋진 세상을 꿈꾸게 됩니다.

"그때에 이리가 어린 양과 함께 거하며, 표범이 어린 염소와 함께 누우며, 송아지와 어린 사자와 살찐 짐승이 함께 있어 어린아

24
장

독을 마실지라도 해를 받지 아니하며

蓋聞 善攝生者 陸行不遇兕虎 入軍不被甲兵 兕無所投其角 虎無所措其瓜 兵無所容其刃 夫何故 以其無死地

흔히 말하기를 두루 생명을 잘 보살피는 이는 다닐 때에도 무소와 호랑이를 만나지 않으며, 싸움터에서도 칼과 창을 피할 수 있다고 한다. 무소가 그 뿔로 들이받을 곳이 없고, 호랑이가 발톱으로 할퀴지 못하며, 창칼조차 그 날을 들이대지 못하니 도대체 어쩐 일인가. 그 어디나 하늘나라이기 때문이다.

마가복음 16:15-18

또 가라사대 너희는 온 천하에 다니며 만민에게 복음을 전파하

라. 믿고 세례를 받는 사람은 구원을 얻을 것이요, 믿지 않는 사람은 정죄를 받으리라. 믿는 자들에게는 이런 표적이 따르리니 곧 저희가 내 이름으로 귀신을 쫓아내며 새 방언을 말하며, 뱀을 집으며 무슨 독을 마실지라도 해를 받지 아니하며 병든 사람에게 손을 얹은즉 나으리라 하시더라

어렸을 때 즐겨 읽었던 동화책 중에서, 브레멘의 악대 이야기는 돌이켜보아도 늘 신나고 재미있는 풍경이었습니다. 주인에게 쓸모없다고 버림 받았던 늙은 당나귀는, 그저 죽치고 앉아 죽기를 바라고 있었지요. 그러다가 마지막 희망을 품고 몸을 일으켜 미지의 세계로 떠납니다. 그러다가 마침 같은 처지에 있는 고양이와 멍멍이를 비롯해 늙수그레한 닭까지 차례차례 만나지요. 그리고는 마침내 다같이 의기투합하여 어깨동무하고 한결같은 희망으로 길벗이 되어 나섭니다.

그리고 어둑어둑해진 황혼녘 무렵에 이들의 참 모습은 빛을 발합니다. 하룻밤 지친 발걸음을 쉬고자 들어갔던 깜깜하고 허름한 오두막에서, 그들은 초라한 자신들의 모습이 아니라 그 누구도 두렵지 않은 브레멘의 뛰어난 오케스트라임을 발견하기 때문입니다. 게다가 도둑놈들이 오두막에 오롯이 숨겨 놓은 보물까지 차지하게 되자, 그 누구도 부러워할 필요가 없는 행복한 해피엔딩으로 막을 내리는군요.

그렇기 때문에 세상의 변두리로 내몰린 하잘 것 없는 뭇 생명에 이르기까지 두루 잘 보살피는 일은, 곧 그 어느 것도 두려워할 필요가 없는 가장 커다란 힘이 됩니다. 이는 창과 칼이 요란하게 부딪히는 싸움터에서조차 누구도 함부로 덤벼들지 못하는 힘이기도 하구요. 이러한 믿음을 가지고 험악한 세상을 향해 꿋꿋하게 한 걸음씩 발을 내딛습니다. 그러다 보면 발걸음 닫는 곳이면 그 어디든 이른바 물 좋고 정자 좋은 그림 같은 청산이 펼쳐집니다.

돌이켜 보면 복음의 세계 또한 이와 다를 바 없습니다. 세상 만민을 살리는 복음이기에 발걸음 내딛는 곳마다 귀신이 물러가고 천사가 영접합니다. 물론 새로운 방언을 말하는 까닭에 때로는 뱀이 혀를 낼름거리며 다가오는 경우도 적지 않을 겁니다. 그러나 독을 마셔도 끄덕없이 기운이 말똥말똥한데다가, 죽치고 앉아 떠날 날만을 기다리던 병든 이들조차 벌떡벌떡 일어납니다. 내 주 예수 모신 곳은 그 어디나 하늘나라이기 때문입니다.

이처럼 복음의 기쁜 소식은, 죽음과 절망의 아골골짜기 같은 곳에서조차 '그 어디나 하늘나라'를 선포합니다. 다 늙어 빠져 쓸모없다고 버림받았던 하찮은 존재들이, 깜깜하기 이를 데 없는 막다른 오두막에서 놀랍게도 브레멘의 오케스트라로 새롭게 태어나듯이 말입니다. 그러니 노자가 두루 생명을 잘 보살피는 영원불멸의 신령한 세계를 말하는 것이 결코 허튼 말이 아니었군요.

25장

너희에게 충만하시기를

大道 汎兮 其可左右 萬物 恃之以生而不辭 功成不名有

是以聖人 終不爲大 故能成其大

크나큰 가르침은 끝이 없구나. 이곳이나 저곳 그 어디를 가리지 않는다. 만물이 이에 기대어 이루어지나 큰소리 하나 없고, 큰일을 이루지만 내세우는 이름도 없다. 그러므로 성인은 언제나 크게 떠벌리지 않는다. 그런 까닭에 커다란 일을 이룰 수가 있다.

에베소서 3:14-19

이러하므로 내가 하늘과 땅에 있는 각 족속에게 이름을 주신 아버지 앞에 무릎을 꿇고 비노니, 그 영광의 풍성을 따라 그의 성령으로 말미암아 너희 속 사람을 능력으로 강건하게 하옵시며, 믿음으로 말미암아 그리스도께서 너희 마음에 계시게 하옵시고, 너희가 사랑 가운데서 뿌리가 박히고 터가 굳어져서 능히 모든 성도와 함께 지식에 넘치는 그리스도의 사랑을 알아, 그 넓이와 길이와 높이와 깊이가 어떠함을 깨달아 하나님의 모든 충만하신 것으로 너희에게 충만하게 하시기를 구하노라.

한때 대도무문(大道無門)이라는 말이 널리 사람들 입에 오르내린 적이 있었습니다. 바로 그 무렵, 이승만 대통령은 남한을 다스리고, 박정희는 경상도만을 다스리고, 전두환은 경상남도, 노태우는 대구만 다스렸다는 우스개도 세상에 한참 동안 떠돌았지요. 가련하게도 한반도의 신세는 오늘까지도 남북을 가르고 경상도 전라도를 가르고, 경상북도와 경상남도를 가르며 이 땅 낳아 주신 어머니 자궁을 갈갈이 찢어 놓은 모습입니다.

그래서일까, 이 대도무문을 외치던 분이 기어코 사람들의 마음을 사로잡아 우리나라의 대통령이 되기도 했습니다. 비단 우리나라만이 그런 것은 아니지요. 드넓은 태평양을 건너 머나먼 곳 아메리카 땅에서도 어마어마한 일이 일어났습니다. 검은 피부에다가 뽀글뽀글한 머리카락의 오바마라는 후세인이 미국의 대통령이 되는 일이 일어났기 때문입니다. 얼마전까지만 해도 흑인들이 노예살이로 한평생을 보내고, 자식들까지 머슴 살다가 땅에 묻히고 말았던 나라에서 상상하기가 그리 쉽지 않은 일입니다. 누구에게나 한 데나리온씩 고르게 기회를 주는 아메리칸드림의 원칙을 잃어버리지 않았기 때문에 이처럼 커다란 역사가 일어난 셈입니다.

에베소 공동체에게 보내는 바울의 편지에서도, 그리스도의 복음은 이러한 하나님의 신령한 세계를 하나씩 드러내 보여 줍니다. 바울이 살던 때 에베소는 지중해 동부 지역의 중심을 이루는 이름난 도시로서, 로마 식민지였던 아시아 주의 수도였습니다. 드나들 수 있는 항구가 있어 뱃길도 열려 있는데다가, 또 동방으로 이어지는 두 개의 중요한 상업도로가 있었던 까닭에 상업이 성행하던 대도시였지요. 그래서 에베소에 살던 사람들의 숫자는 아마도 십만 명을 넘었을 것으로 보여집니다.

그러다 보니 자연히 이곳의 신앙 공동체는 유대계 기독교인과 이방 출신의 다양한 기독교인이 함께 어울릴 수밖에 없었고요. 그런데 이렇게 다양한 이들이 섞여 지내다 보면, 하나님의 복음이 드러나기보다는 끼리끼리 어울리는 모습이 드러날 수밖에 없습니다. 그래서 바울은 무릎을 꿇고 두 손을 모아 간절한 마음으로 기도합니다. 모쪼록 에베소에 터를 잡은 하나님의 공동체가 아버지 하나님의 크신 섭리를 헤아려, 그 깊이와 길이와 넓이와 높이가 끝없이 펼쳐지는 사랑의 기독교 공동체가 되기를 말입니다.

그 옛날 아득히 머나먼 곳 해뜨는 동쪽 땅에 살던 나이 지긋했던 지혜로운 이도 마찬가지였습니다. 큰소리로 떠벌이지도 않으며, 이 사람 저 사람을 구태여 가리지 않는다며 '대도(大道)'를 노래했던 바로 그 노자의 발걸음입니다. 내세우는 이름조차 없으니, 그 가르침은 막아 놓은 나즈막한 울타리조차 찾아볼 수 없습니다. 그러므로 각 족속에게 이름을 허락해 주신 하늘의 섭리는 동과 서를 가리지 않을뿐더러, 시나브로 그 넓이와 길이와 높이와 깊이 또한 헤아릴 길이 없습니다. 그런 까닭에 그 가르침이 21세기 오늘의 지구마을까지 한가득 담아내었는데도 오히려 넉넉한 품새입니다. 이렇듯 동과 서가 가없이 너른 지평으로 펴져나가다가 만났으니, 바라기는 21세기의 아침이 더 풍요롭고 환한 나날이기를 빌어봅니다.

26장

복 있는 사람은

善建者 不拔 善抱者 不脫 子孫祭祀 不輟 修之身 其德乃眞 修之家 其德乃餘 修之鄕 其德乃長 修之國 其德乃豊 修之天下 其德乃普

잘 세우는 자는 함부로 뽑아내지 않으며, 잘 보듬는 자는 쉽사리 내치지 않는다. 그런 까닭에 훗날에까지 제사가 끊이지 않는다. 몸을 돌아보아 그 덕을 거짓없이 이루며, 집안을 다스림에도 그 덕이 오히려 넉넉하다. 온 마을에 그 이름이 돌아 그 덕이 널리 퍼지며, 나라 곳곳마다 굽어살피니 그 덕이 차고 넘친다. 천하사방에 이름이 자자하니 그 덕은 끝없이 펼쳐진다.

시편 1:1-6

복 있는 사람은 악인의 꾀를 좇지 아니하며 죄인의 길에 서지 아니하며 오만한 자의 자리에 앉지 아니하고, 오직 여호와의 율법을 즐거워하여 그 율법을 주야로 묵상하는 자로다. 저는 시냇가에 심은 나무가 시절을 좇아 과실을 맺으며 그 잎사귀가 마르지 아니함 같으니, 그 행사가 다 형통하리로다. 악인은 그렇지 않음이여 오직 바람에 나는 겨와 같도다. 그러므로 악인이 심판을 견디지 못하며 죄인이 의인의 회중에 들지 못하리로다. 대저 의인의 길은 여호와께서 인정하시나 악인의 길은 망하리로다.

요즈음 공동주택이 늘어나면서 이웃들 간에 부대끼는 일들이 부쩍 늘어났습니다. 마구 높아져만 가는 아파트 층층마다 바라보고 있노라면, 소음 때문에 위아랫집 이웃끼리 칼부림까지 서슴지 않을 정도이니까 보통 걱정이 아닐 수 없습니다. 어찌어찌해서 아이들을 셋이나 키우다 보니, 셋방살이 때부터 좀처럼 위아래 이웃들과 좋은 관계를 갖기가 무척이나 힘들었습니다. 그래서 어렵사리 여기저기 발품을 팔아 돌아다니다가, 가까스로 허름한 그린벨트 지역으로 보금자리를 옮기게 되었습니다.

원래는 과수원이 있던 언덕받이 비탈길이었지만, 전쟁이 끝난 후 사람들이 아쉬운 대로 하나둘씩 둥지를 틀며 자리 잡은 마을입니다. 봄이 되니 갖가지 과일나무들이 쑥쑥 자라면서 금새 푸른 빛으로 가득 우거집니다. 그리고 몇 해 지나고 나니 차츰 각종 과실들이 맺히기 시작하더군요. 그러다가 논둑길 따라 물이 그득한 도랑처럼, 차츰차츰 온통 옛날 과수원 풍경을 되찾았습니다. 봄이 오는 무렵이면 복숭아꽃 살구꽃 덕분에 울긋불긋 꽃동네 노래가 저절로 터집니다. 개나리와 진달래는 말할 것도 없거니와, 뜨락에는 두릅까지 쑥쑥 올라와 눈과 입을 호강시켜 줍니다.

곧이어 언덕배기 뒤뜰의 하이얀 앵두꽃이 축대를 따라 지붕 위에 한가득입니다. 한낮 뜨거운 땡볕을 넘기기 무섭게 빠알간 열매를 좇다 보면 좀처럼 입이 다물어지지 않습니다. 여름의 길목에서 한낮의 태양이 버거워 그늘을 찾을 무렵이 되면, 자두나무가 새파란 이파리들로 따가운 볕을 가리는 양산을 만들어 냅니다. 그리고 그 밑에서 한숨 돌리고 있노라면, 나무는 부지런히 달콤한 자두를 쏟아내느라 여념이 없습니다. 그러다가 어느덧 가을 풍경은 뜨락에 축 늘어진 감나무 가지를 타고 찾아옵니다. 그저 하늘이 내려주시는 대로 잘 갈무리하여 말려 놓으면 곶감으로 그 이름이 바뀌지요. 그대로 얼려 냉장고에 넣으면 겨우내 간식으로 즐겨 먹을 수도 있습니다.

청설모와 다람쥐들도 나름대로 부지런히 겨울 먹거리를 위해서 잣나무 가지를 타고 오르락내리락하며 한눈팔 새가 없습니다. 가끔 한두 개씩 벌레 먹은 모과라도 떨어지면, 부지런히 주워다가 설탕에 재워 두니 감기쯤이야 너끈히 이길 수 있습니다. 그래서 시편은 첫마디에서 이렇게 노래하는가 봅니다. '저는 시냇가에 심은 나무가 시절을 좇아 과실을 맺으며 그 잎사귀가 마르지 아니함 같으니, 그 행사가 다 형통하리로다.'

그러므로 이 시편의 노래 따라 살아가는 사람은 복 있는 사람일 수밖에 없습니다. 악인들 속에서 부대끼며 살아가고 있지만 함부로 그들을 따라가는 법이 없습니다. 죄인들과 같이 이웃으로 지내기는 해도 그들이 끌려가는 심판대에 서는 일은 결코 찾아볼 수 없구요. 거들먹거리는 사람들 틈바구니 시끌벅적한 시장터에서 북적이며 살아가지만, 그들의 흐드러진 잔치상에 끼어 앉아 히히덕거리는 모습도 없습니다.

오로지 하늘이 때마다 일마다 깨우쳐 주신 그 말씀 따라서 홍얼홍얼 되뇌이며 노래할 뿐입니다. 그 말씀을 씹으면 씹을수록 더욱 단맛이 우러나오는 줄 잘 알고 있기 때문입니다. 그래서 그 덕이 집안에 그득하면, 마을 전체로 그 이야기가 퍼져 나가지요. 그리고 그 마을에 가득하게 되면, 이웃 마을로 넘쳐 흐르면서 이윽고 온 나라에 그득한 모습이구요. 이제 사면팔방 천하만국 너른 세상으로 그 이름이 홀로 오르내리게 되면, 이로써 바로 하늘이 내리신 복임이 더욱 분명해집니다.

27장

한 알의 밀이 땅에 떨어져

聖人 不積 旣以爲人 己愈有 旣以與人 己愈多

天之道 利而不害 聖人之道 爲而不爭

무릇 성인은 그득히 쌓아 놓지 않는다. 아낌없이 사람들에게 베풀기에 더욱 더 불어나며, 아낌없이 사람들과 나누기에 셀 수 없이 많아진다. 하늘의 도라는 것은 이롭기에 조금도 해가 되지 않는다. 성인의 도는 베푸는 까닭에 다투는 바가 없다.

요한복음 12:24-25

내가 진실로 진실로 너희에게 이르노니, 한 알의 밀이 땅에 떨어져 죽지 아니하면 한 알 그대로 있고 죽으면 많은 열매를 맺느니

라. 자기 생명을 사랑하는 자는 잃어버릴 것이요, 이 세상에서 자기 생명을 미워하는 자는 영생하도록 보존하리라.

잘 알려진 대로 2008년, 세상 사람들을 온통 뒤집어 놓은 경제위기가 들이닥쳤습니다. 태평양 건너 아득히 먼 나라에서 벌어진 일인 줄 알았는데, 부동산 금융의 붕괴로 시작된 대혼란은 넘실넘실 지구 한 바퀴를 돌더니 눈 깜짝할 새 우리나라까지 삼켜 버렸습니다. 가만히 속을 들여다보니 잔뜩 뻥튀기를 해 놓고 한참 동안이나 빙빙 수건 돌리기를 했었더군요. 그러다가 더 이상 견디지 못하고 부풀어오른 풍선처럼 빵 하고 터져 버린 것입니다.

어이없게도 얄팍한 종잇조각 하나에 깜박 속아 넘어가고 말았습니다. 그런 까닭에 그득히 쌓아 놓은 것으로 착각한 이들은 그것이 거품인지조차 몰랐습니다. 그저 종잇조각에 쓰인 숫자만 들여다보며 부어라 마셔라 춤추며 날뛰었던 셈입니다. 그러다가 시나브로 '그날이 오면' 모든 것이 단숨에 신기루처럼 사라지고 맙니다. 창고에 그득하게 쌓아 놓은 줄 알았었는데, 사실 그것들은 처음부터 아예 없었는지도 모릅니다. 소꿉장난은 철부지 어린이들 차지인 줄로만 알았는데 다 큰 어른들도 자본주의 그리고 신자유주의가 낳은 욕망의 소꿉장난에 놀아난 꼴입니다.

그래서일까요, 일찌감치 하늘에 쌓은 보화를 가장 큰 재산으로 여겼던 이들은 이렇게 노래합니다. '이상하다 동전 한 닢 움켜잡으면 없어지고, 쓰고 빌려주면 풍성해져 땅 위에 가득하네.' 우리가 차곡차곡 쌓아 놓아야 할 것은 거품처럼 사라지고마는 세상의 금송아지나 욕망덩어리가 아닙니다. 오히려 욕망덩어리는 내려놓고 금송아지와 함께 녹여 버립니다.(출32:20) 그리고 고루고루 쓰고 빌려 주고 나누어 주면 신기한 일들이 일어나지요. 아벨의 제사 그리고 노아의 제사처럼 이 세상에 그윽하게 향기를 내며 잃어버린 에덴동산을 찾아가는 길이 차츰 드러납니다.

소금은 녹아야 맛이 나는 법이고, 등불은 등경 위에 놓아 자신을 태울 때 빛을 드러냅니다. 그럼에도 한사코 내 것이라고 고집하며 창고에 그득하게 쌓아 놓으려는 이들이 있습니다. 그러다가 끝내 풍선이 빵 하고 터지는 날에는, 정작 아무런 쓸모없어 썩어가는 것을 바라보며 푹푹 한숨만 내쉬게 될 것이 뻔합니다. 자본주의의 속내도 그러하거니와 신자유주의라는 놈이 원래 폭탄 돌리기와 하나도 다르지 않으니까 말입니다.

오히려 달랑 남아 있는 콩 한쪽이라도 나누어야 많은 열매를 맺는다는 것은 이 땅에서 살아가던 옛 사람들이 남겨준 하늘의 비밀이기도 합니다. 그래서 성서 또한 다음과 같이 일깨워줍니다. “오직 너희를 위하여 보물을 하늘에 쌓아 두라. 거기는 좀이나 동록이 해하지 못하며 도적이 구멍을 뚫지도 못하고 도적질도 못하느니라. 네 보물 있는 그곳에는 네 마음도 있느니라.”(마6;20-21)

28장

나의 택한 사람을 보라

善行 無轍跡 善言 無瑕謫 善計 不用籌策 是以聖人 常善救人 故無棄人 常善救物 故無棄物 是謂襲明 故善人 不善人之師 不善人 善人之資

올바른 발자취는 지나간 흔적이 없고, 훌륭한 말은 트집잡을 바가 없으며, 좋은 헤아림은 일일이 따져볼 필요도 없다. 이처럼 성인은 항상 즐거이 사람을 돌보니, 이에 사람을 저버리는 일 또한 없다. 언제나 삼라만상을 한결같이 다둑거리니, 그 어떤 것도 저버리는 일이 없다. 이를 가리켜 깨달음이 끝이 없다고 한다. 그런 까닭에 선한 사람은 그렇지 못한 이들의 스승이 되고, 선하지 못한 이들은 선한 사람들을 따르게 된다.

이사야 42:1-7

내가 붙드는 나의 종, 내 마음에 기뻐하는 나의 택한 사람을 보라. 내가 나의 신을 그에게 주었은즉 그가 이방에 공의를 베풀리라. 그는 외치지 아니하며 목소리를 높이지 아니하며 그 진리로 공의를 베풀 것이며 그는 쇠하지 아니하며 낙담하지 아니하고 세상에 공의를 세우기에 이르리니 섬들이 그 교훈을 앙망하리라. 하늘을 창조하여 펴시고 땅과 그 소산을 베푸시며 땅 위의 백성에게 호흡을 주시며 땅에 행하는 자에게 신을 주시는 하나님 여호와께서 이같이 말씀하시되, 나 여호와가 의로 너를 불렀은즉 내가 네 손을 잡아 너를 보호하며 너를 세워 백성의 언약과 이방의 빛이 되게 하리니 네가 소경의 눈을 밝히며 갇힌 자를 옥에서 이끌어 내며 흑암에 처한 자를 간에서 나오게 하리라.

서구 세계에서 새로운 방식으로 동아시아의 사상을 받아들여 서구문화의 거름을 삼고자 하는 이들 가운데 돋보이는 이로서 보스톤 대학의 R.Neville 교수가 있습니다. 무엇보다도 그는 동아시아에서 말하는 '벗' 이라는 말의 깊은 뜻을 눈여겨 봅니다. 왜냐하면 그 말은 서구에서 말하는 단순한 동료 관계(collegiality)를 넘어서 일종의 종교적 차원에서의 어우러짐이라고 이해하기 때문이지요.(*Boston Confucianism*, SUNY Press, 2000, p.18)

그렇지 않아도 마침 율곡은 이 부분을 주석하면서 신유교의 대가인 북송시대 장재의 『서명(西銘)』에서 한 구절을 뽑아 다음과 같이 덧붙여 풀이합니다. '모든 사람이 나와 벗이 되고, 세상만물 또한 나와 어우러진다'(民吾同胞 物吾與也)는 말이지요. 이른바 '세상과 나는 간 곳 없고 사랑의 주만 보이도다' 라는 Unio Mystica의 신비로움을 들여다보는 듯 합니다.

사서삼경 중 하나인 『대학(大學)』이라는 책을 펼쳐보면, 첫머리에서 이른바 3강령이라는 것을 말합니다. 즉 '대학의 가르침은 덕을 밝히고, 백성과 어우러지며, 지극한 선에 이르는 것이다' (大學之道 在明明德 在親民 在止於至善)는 말이 그것입니다. 그런데 훗날 주자는 사서(四書)를 주석하면서 슬그머니 본문의 한 글자를 바꾸어놓습니다. 그래서 주자의 책을 보면 3강령의 두 번째 항목이 친민(親民)이 아니라 신민(新民)이라는 글자가 나타나기도 합니다. 언뜻 실수한 것처럼 보이겠지만, 이 한 글자로 인하여 이후 주자학이라고 불리는 커다란 학문의 체계가 남대문처럼 떡억하니 들어서게 됩니다.

그래서 조선 후기 정약용을 비롯한 일단의 성리학자들은 주자학을 넘어서 원시유교로 돌아가자는 일종의 종교개혁을 추구하기도 합니다. 백성을 통치의 대상이나 도구, 수단으로 보는 것은 이른바 '신민(新民)' 이라는 주자 특유의 사유구조를 정당화합니다. 그러나 더불어 어우러진다는 '친민(親民)'이라는 원시유교의 사유체계는 주자학과는 상당히 다른 세계를 바라보고 있는 셈입니다. 따라서 주자학의 입장에서 본다면, 노자의 가르침이나 원시유교의 가르침이라는 것은 두 가지 모두 비슷한 흐름이라고 보아도 그리 틀리지 않을 겁니다.

일찍이 공자 역시도 때마다 일마다 어우러지는 기쁨으로 배움의 세계를 노래했습니다.(學而時習之不亦說乎, 『논어』, 「학이」) 그리고 단순한 지식을 넘어서 이렇듯 즐거이 누리는 기쁨과 어우러짐의 세계를 살포시 보여줍니다.(知之者 不如好之者 好之者 不如樂之者, 『논어』, 「옹야」) 요즈음은 학교에 다니는 이들이 더 좋은 상급학교에 가기 위하여 짬을 내 봉사를 하며 '스펙 관리' 를 한다고 야단입니다. 사실 남이 보기 좋으라고 마지못해 하는 것은 얼마 지나지 않아 곧 싫증이 나게 마련이지요. 그러므로 공부하기에도 잠이 모자라 쩔쩔매며 버거워하는 이들에게 봉사활동을 강요하며 억지 웃음을 지어내라고 하는 것은 사실상 교육이 아닙니다. 오히려 일종의 정신이나 마음에 상처를 주는 고문이나 학대에 가까운 범죄 행위가 될 수 있습니다.

진리의 세계는 바로 이러한 우리의 어리석음을 일깨워 줍니다. 물론 성서에 나타나듯이 하나님이 붙드시고 마음에 기뻐하시는 일꾼도 마찬가지입니다. 그래서 하나님의 성령이 우리에게 내리시는 것을 가만히 살펴보면, 그 역사는 때와 장소와 사람을 가리지 않습니다. 그렇다고 크게 외치거나 목소리를 높이지도 않을 뿐더러, 주저앉거나 낙심천만하지도 않습니다. 그저 하늘의 뜻에 따라 진리와 공의를 골고루 이 세상에 펴낼 뿐입니다. 그러다가 보면, 온 누리에 그윽하게 차오르면서 환하게 빛나는 세상이 불쑥 드러납니다. 이렇듯 하나님이 택한 사람을 가만히 살펴보면 틀림없이 하나님을 닮았고, 또한 성인이라 불리는 이들도 오누이처럼 마찬가지입니다.

29장

너희도 온전하라

聖人 無常心 以百姓心爲心 善者 吾善之 不善者 吾亦善之 德善 信者 吾信之 不信者 吾亦信之 德信

성인은 모름지기 자신의 마음을 내세우지 않는다. 백성의 마음을 자신처럼 생각하기 때문이다. 선한 사람은 누구든지 선하게 여긴다. 선하지 않은 사람 또한 선하게 여기니 덕으로서 선해진다. 믿음직한 사람은 모두 미쁘게 여긴다. 믿음직하지 못한 사람 또한 미쁘게 여기니 믿음의 덕이 된다.

마태복음 5:43-8

또 네 이웃을 사랑하고 네 원수를 미워하라 하였다는 것을 너희가 들었으나 나는 너희에게 이르노니 너희 원수를 사랑하며 너희를 핍박하는 자를 위하여 기도하라. 이같이 한즉 하늘에 계신 너희 아버지의 아들이 되리니 이는 하나님이 그 해를 악인과 선인에게 비치게 하시며 비를 의로운 자와 불의한 자에게 내리우심이니라. 너희가 너희를 사랑하는 자를 사랑하면 무슨 상이 있으리요 세리도 이같이 아니하느냐. 또 너희가 너희 형제에게만 문안하면 남보다 더 하는 것이 무엇이냐 이방인들도 이같이 아니하느냐. 그러므로 하늘에 계신 너희 아버지의 온전하심과 같이 너희도 온전하라.

이곳저곳 다니며 남을 가르치거나 지도하는 자리에 설 때마다 언제나 머릿속에 잊혀지지 않는 일이 있습니다. 내 관점에서 사물을 바라보고 판단하는 것이 얼마나 어리석고 위험한 일인가를 일깨워 준 사건이지요. 어느 날 슬리퍼를 신고 예배에 참석한 어린이가 있었습니다. 나는 따로 그 아이를 불러내어 야단을 치고 혼을 냈습니다. 그런데 이 녀석이 생각지도 않게 닭똥 같은 눈물을 뚝뚝 흘리는 것이 아니겠습니까. 찬찬히 얘기를 들어 보니, 교회에 오고 싶은 마음이 굴뚝 같아서 아빠가 신발을 숨겼는데도 몰래 슬리퍼를 신고 달려왔다는 겁니다. 순간 머리가 하얗게 아득해지면서 눈물이 나왔습니다.

그 이후로 나는 교회에 슬리퍼를 신고 오는 아이들은 묻지도 따지지도 않고 무조건 한 번씩 더 안아 주는 버릇이 생겼습니다. 자신의 생각을 앞세우는 이들은 절대로 남을 인도하는 지도자의 길을 갈 수가 없습니다. 그래도 바득바득 우긴다면, 스스로에게나 따르는 이들 양쪽 모두에게 불행한 일이 일어날 수밖에 없겠지요. 그래서인지 하늘에 계신 분은 선인에게나 악인을 가리지 않고 골고루 햇볕을 내려주시는군요. 이처럼 묻지도 따지지도 않으시는 하늘 아버지가 온전하심과 같이 마땅히 우리도 그러해야 하는 것이 바로 성서의 가르침입니다.

그러므로 하나님을 사랑하는 자라면, 마땅히 원수를 사랑해야 합니다. 내 마음이 선하다면 또한 모든 사람을 선으로 대하여야 하는 것이구요. 스스로 믿음직하게 사는 것은 물론이거니와, 다른 이 또한 미쁘게 여겨야 합니다. 그렇지 않으면 나도 남들과 똑같이 악하고 게으른 사람이 될 수밖에 없으니까요. 괜스레 세리나 이방인이라고 퉤퉤하며 손가락질할 필요가 없는 셈입니다. 그렇게 되면 나 또한 그들에게 세리나 이방인일 테니까 말입니다.

군에 있을 때에 겪은 일입니다. 전방에 있는 부대에 골치 아픈 병사가 하나 있다는 얘기를 들었습니다. 그래서 사정을 알아보니 무작정 영창에 보낸다고 해결되는 간단한 문제가 아니라서 어찌 처리할지 몰라 쩔쩔매고 있더군요. 짬을 내어 부대를 찾아가서 만나났습니다. 역시나 하루아침에 당장 해결되는 문제가 아니었습니다. 마침 그 병사가 수송부의 운전병이었기에 하루종일 차량을 타고 강원도 전방 지역을 돌아다녀야 하는 군종 업무에 함께 하기로 했습니다.

그러다 보니 사람들이 군목과 같이 다니는 이 친구를 가리켜 자연스레 전도사로 부르는 것이 아니겠습니까. 이후로 그에 대해서 쉬쉬 손가락질하거나 영창 이야기를 꺼내는 이들은 만나보지 못했습니다. 게다가 운전 잘하는 그와 부지런히 오가며 일한 덕택에, 생각지도 않게 짧은 시간 멋들어진 교회도 새롭게 건축할 수 있었구요. 때가 되어 무사히 전역한 이후로 사회로 복귀하여 취직하고 잘 살아간다는 얘기를 전해 들었습니다.

부디 옛날 좋지 않은 버릇이 되살아나서, 전도사님 소리 들으며 신나게 일하던 때를 까맣게 잊어버리고 살지 않기만 두손 모아 빌 뿐입니다. 물론 찬찬히 따지고 보면 어디 그 병사에게만 해당되는 문제이겠습니까. 명색이 목사인 나 또한 그렇거니와 우리 모두 다 흔들리지 않고 온전한 모습으로 하나님의 아들딸답게 살아가야 하겠지요. 우리를 지으신 하늘 아버지가 온전하셨던 것처럼 말입니다.

30
장

말할 때와 침묵할 때

將欲取天下而爲之 吾見其不得已 天下 神器 不可爲也 爲者敗之 執者失之

故物 或行或隨 或煦或吹 或强或羸 或載或隳 是以聖人 去甚去奢去泰

천하를 얻고자 애를 쓰는 것은 어리석기 그지없는 일이다. 천하는 신령한 존재라, 누가 어찌할 수 없는 바이다. 이를 도모하는 이마다 실패하고, 달려드는 사람마다 잃게 마련이다. 그런 까닭에 세상만사란 나서는 때가 있고 그저 따라가는 경우도 있다. 훈훈할 때도 있지만 쌀쌀할 때도 있다. 강할 때도 있지만 스러질 때도 있고, 이루어질 때도 있지만 허물어질 때도 있다. 그러기에 성인은 너무 지나치지도 않고 시끌벅적하지도 않으며 거들먹거리지도 않는다.

전도서 3:1-10

천하에 범사가 기한이 있고 모든 목적이 이룰 때가 있나니, 날 때가 있고 죽을 때가 있으며, 심을 때가 있고 심은 것을 뽑을 때가 있으며, 죽일 때가 있고 치료시킬 때가 있으며, 헐 때가 있고 세울 때가 있으며, 울 때가 있고 웃을 때가 있으며, 슬퍼할 때가 있고 춤출 때가 있으며, 돌을 던져 버릴 때가 있고 돌을 거둘 때가 있으며, 안을 때가 있고 안는 일을 멀리 할 때가 있으며, 찾을 때가 있고 잃을 때가 있으며, 지킬 때가 있고 버릴 때가 있으며, 찢을 때가 있고 꿰맬 때가 있으며, 잠잠할 때가 있고 말할 때가 있으며, 사랑할 때가 있고 미워할 때가 있으며, 전쟁할 때가 있고 평화할 때가 있느니라. 일하는 자가 그 수고로 말미암아 무슨 이익이 있으랴. 하나님이 인생들에게 노고를 주사 애쓰게 하신 것을 내가 보았노라.

얼마 전 대통령 선거를 치르고 새로운 지도자가 선출되었습니다. 특히 우리나라는 다른 나라들과 다르게 여론조사에서조차 그 속내를 잘 드러내지 않기 때문에 선거 때만 다가오면 온통 세상이 시끌벅적 변화무쌍하기 그지 없습니다. 그래서 어느 대통령은 '선거라는 것은 살아 있는 생물' 이라는 명언을 남기기도 했지요. 그렇지 않아도 이른바 과정신학(process Theology)이라는 가르침에서는, 삼라만상은 물론이거니와 사람들뿐만 아니라 하나님까지도 온통 이랬다저랬다 하는 변화무쌍한 성향이 있음을 보여줍니다.

30장과 31장은 사실 같은 맥락의 가르침을 담고 있습니다. 모름지기 천하 만물의 운행은 여론조사 정도로는 좀처럼 헤아리기 어려운 하늘의 깊은 뜻이 숨어 있습니다. 이렇듯 천기누설(天氣漏泄)이란 있을 수 없는 것이기에, 모름지기 성인은 이를 잘 헤아려 뜻을 받드는 법이지요. 그러므로 성인은 제 잘난 맛에 멋대로 지껄이거나 남을 닦달하지도 않습니다. 그저 하늘의 때를 받들어 모두 함께 어우러지는 굿판을 펼치는 것이고, 차려 놓은 제사상의 음식을 삼라만상의 자그마한 벌레들에 이르기까지 골고루 고시레할 따름입니다.

성서에서 전도서 말씀도 이에 크게 벗어나지 않습니다. 하나님은 인생들에게 각기 분량에 알맞은 노고를 주시고 힘써 맡은 바를 감당하며 살도록 살피신다는 말씀이지요. 그래서 사람이 제 아무리 날뛰며 북치고 장구 친다고 해서 무엇 하나 보태거나 덜 것도 없다고 일깨웁니다.(9절) 그러고 나서 무슨 비밀을 깨달았는지 무릎을 '탁' 치면서 11절 이하에 이렇게 말합니다.

"하나님은 모든 것이 제때에 알맞게 일어나도록 만드셨다. 더욱이, 하나님은 사람들에게 과거와 미래를 생각하는 감각을 주셨다. 그러나 사람은 하나님이 하신 일을 처음부터 끝까지 다 깨닫지는 못하게 하셨다. 이제 나는 깨닫는다. 기쁘게 사는 것, 살면서 좋은 일을 하는 것, 사람에게 이보다 더 좋은 것이 무엇이랴. 사람이 먹을 수 있고, 마실 수 있고, 하는 일에 만족을 누릴 수 있다면, 이것이야말로 하나님이 주신 은총이다. 이제 나는 알았다. 하나님이 하시는 모든 일은 언제나 한결같다. 거기에다가 보탤 수도 없고 뺄 수도 없다. 하나님이 이렇게 하시니 사람은 그를 두려워할 수밖에 없다."(새번역)

그렇습니다. 그런데 이는 성서뿐만이 아니라 동아시아 전통에서도 마찬가지입니다. 성인이나 의인이 살아가는 모습은 언제나 한결같습니다. 그저 하늘을 우러르고 두려워하며 그 뜻을 기리며 살아가는 발걸음일 뿐이니까요. 모름지기 훌륭한 임금이나 성인들은 구태여 요란하게 나발 불지도 않고, 여기저기 대문짝만하게 방을 붙이며 다스린다는 티를 남겨 놓지 않습니다. 요(堯)임금의

함포고복(含哺鼓腹)이라는 이야기에서도 나타나는 것처럼, 누가 임금인지 누가 다스리는 것인지 아무도 신경쓰지 않고 따질 필요조차 없다는 말이지요.

그래서인지 이어지는 31장에서도 같은 뜻의 가르침이 되풀이되고 있습니다. 모두가 한결같이 기뻐하며 자신의 일에 만족하고 더불어 하늘의 뜻을 이루어 살아갑니다. 하지만, 모두에게 피해를 끼치는 가시나무만이 홀로 우쭐하며 큰소리를 치네요. 스스로 임금이라 뻐기며 나대는 모습이 우스꽝스럽기 그지없습니다. 임금이란 무엇인지, 종묘가 무엇이고 사직이 무엇인지, 재물이 무엇이고 삶이 무엇인지 곰곰이 되돌아보게 하는 가르침이 이어집니다.

31장

너는 와서 우리 왕이 되라

以正治國 以奇用兵 以無事取天下 天下 多忌諱 而民彌貧 人多利器 國家滋昏 人多伎巧 奇物滋起 法令滋彰 盜賊多有 故聖人云 我無爲而民自化 我無事而民自富 我好靜而民自正 我無欲而民自樸

其政悶悶 其民淳淳 其政察察 其民缺缺 禍兮福所倚 福兮禍所伏 孰知其極

올곧게 나라를 다스리고, 어지러움에 군대를 움직이며, 뜻하지 않았는데 덜컥 천하를 얻는다. 천하에 그물이 촘촘하면 백성은 모두 헐벗게 되고, 사람마다 제각기 이익을 탐하면 나라는 어지러워진다. 사람들이 허튼 일에 사로잡히면, 쓰잘 데 없는 물건들이 판치는 법이다. 법령들이 덕지덕지 늘어나면 도적들 또한 덩달아 들끓게 마련이다. 그런 까닭에 성인은 말한다. 내가 손을 놓아 버리니 백성들이 절로 평안해지고, 내가 닦달하지 않으니 백성들이 절로 넉넉해진다. 내가 잠자코 있음에도 백성들은 저절로 바른 길 가고, 내가 골똘히 생각지도 않건만 백성들은 절로 다스려진다.

다스림에 닦달하지 않으면 백성은 절로 누그러지고, 다스림이 지나치게 빡빡하면 백성들은 서로 부대끼게 마련이다. 모름지기 재앙이란 복이 오는 길목이고, 복이란 것에는 또한 재앙도 숨어 있게 마련이다. 과연 그 속을 누가 헤아릴 수 있을까?

사사기 9:7 -15

혹이 요담에게 그 일을 고하매, 요담이 그리심산 꼭대기로 가서 서서 소리를 높이 외쳐 그들에게 이르되 세겜 사람들아 나를 들으라. 그리하여야 하나님이 너희를 들으시리라. 하루는 나무들이 나가서 기름을 부어 왕을 삼으려 하여 감람나무에게 이르되 너는 우리 왕이 되라 하매, 감람나무가 그들에게 이르되 나의 기름은 하나님과 사람을 영화롭게 하나니 내가 어찌 그것을 버리고 가서 나무들 위에 요동하리오 한지라. 나무들이 또 무화과나무에게 이르되 너는 와서 우리의 왕이 되라 하매, 무화과나무가 그들에게 이르되 나의 단 것, 나의 아름다운 실과를 내가 어찌 버리고 가서 나무들 위에 요동하리오 한지라. 나무들이 또 포도나무에게 이르되 너는 와서 우리의 왕이 되라 하매, 포도나무가 그들에게 이르되 하나님과 사람을 기쁘게 하는 나의 새 술을 내가 어찌 버리고 가서 나무들 위에 요동하리요 한지라. 이에 모든 나무가 가시나무에게 이르되 너는 와서 우리의 왕이 되라 하매, 가시나무가 나무들에게 이르되 너희가 참으로 내게 기름을 부어 너희 왕을 삼겠거든 와서 내 그늘에 피하라. 그리하지 아니하면 불이 가시나무에서 나와서 레바논의 백향목을 사를 것이니라 하였느니라.

못된 송아지 엉덩이에 뿔난다는 얘기가 빈 말이 아니었습니다. 그러니 어물전 망신은 꼴뚜기가 시키는 법이지요. 미꾸라지가 하나가 온통 개울을 어지럽히는 것처럼, 세상이 어지러울 때에는 여기저기에서 불쑥 가리지 않고 마구 얼과 혼을 빼놓는 바람에 온통 뒤죽박죽입니다. 여기 31장에서 나라를 다스리는 지도자에 관해 끊임없이 언급하고 있는 것은 다 나름대로 이유가 있습니다. 그래서인지 성서에서도 통치자와 관련해 사사기의 재미있는 비유를 들려 줍니다. 이 이야기는 왕정 제도에 숨겨진 어두운 그늘과 무시무시한 현실을 은근히 일깨워 주고 있습니다.

이스라엘에 아직 왕정이 세워지기 이전 정착 초기에는, 백성들 중에 탁월한 이가 지도자로 내세워지는 부족연합 체제를 이루고 있었지요. 이 같은 모습은 당시 임금을 구원의 보장자로 보는 옛 근동 지방의 전통과는 좀 거리가 있습니다. 이는 냉정하게 왕정을 비판하고 그 문제점을 지적하는 이스라엘의 독특한 야훼 통치에 대한 믿음에서 비롯됩니다. 이러한 입장에서 훗날 처음으로 사울 왕을 세울 무렵에 이미 사무엘의 입을 빌려 경고하기도 합니다. (여호와께서 사무엘에게 이르시되 백성이 네게 한 말을 다 들으라. 그들이 너를 버림이 아니요 나를 버려 자기들의 왕이 되지 못하게 함이니라. 삼상8:7)

동아시아 일대에서도 역시 하늘의 대리자로 온 천하와 백성을 다스리는 군주라는 관념이 존재합니다. 그래서 천자의 권위와 의미는 유교 사상을 이해하는 주요한 논제가 되고 있지요. 요순우탕(堯舜禹湯)의 덕스러운 다스림을 드높이고 걸주(桀紂)의 어리석음을 일깨우는 것은 오랜 전통이었거니와, 이를 더욱 힘주어 강조하였던 맹자의 경우는 그 절정에 서 있다고 말할 수 있습니다. 하늘의 뜻을 거스르고 제멋대로 날뛰는 군주를 서슴지 않고 내치는 이른바 역성혁명(易姓革命, Tyrannicide)의 정당성을 내세웠기 때문입니다. 이는 이스라엘의 야웨 신앙에 못지않은 하늘에 대한 믿음이라고 볼 수 있을 겁니다.

이렇듯 동서양의 나란한 모습에서도 알 수 있는 것처럼, 노자의 무위(無爲)사상은 통치이념에서조차 유교는 물론이거니와 성서에서의 가르침과 큰 틀에서 어긋나 보이지 않습니다. 무위의 통치사상은, 보잘 것 없는 인생이 임금이라는 감투를 쓰고 우쭐대며 뻐기다가 곧잘 하늘의 뜻에 어긋나기 쉬운 잘못을 찬찬히 일깨워 주고 있습니다. 성서에서 예언자들이 한결같이 선포하였던 메시지 또한 바로 하나님이 친히 다스리신다는 하나님 나라의 선포임은 두말할 나위가 없습니다. 새로운 대통령과 정부가 들어선 이 즈음에, 동과 서는 물론이고 옛날과 오늘을 사는 모두가 가슴 시리게 되짚어 보아야 하는 말씀입니다.

32장

의인은 없나니, 하나도 없으며

不言之教 無爲之益 天下希及之

말없는 가르침과 무위의 유익함이란 세상에서 좀처럼 찾아보기 어렵다.

로마서 3:9-12

그러면 어떠하뇨 우리는 나으뇨. 결코 아니라. 유대인이나 헬라인이나 다 죄 아래 있다고 우리가 이미 선언하였느니라. 기록한 바 의인은 없나니 하나도 없으며, 깨닫는 자도 없고 하나님을 찾는 자도 없고, 다 치우쳐 한가지로 무익하게 되고, 선을 행하는 자는 없나니 하나도 없도다.

K.Jaspers라는 철학자는 인류사의 '차축시대(Achsenzeit)' 라는 이야기를 자주 거론했습니다. 이는 인류의 정신사에서 중요한 전환점이 되었던 시기를 가리킵니다. 예를 들어 동아시아에서는 춘추전국시대를 거치면서 나타나는 위대한 제자백가(諸子百家) 등의 가르침이나, 비슷한 시기 이스라엘에서 활동하였던 예언자들, 그리고 인도 대륙에서 우파니샤드의 가르침이나 고대 근동에서 조로아스터의 가르침, 그리스의 위대한 사상가 등이 세계 도처에서 우후죽순처럼 일어나던 시기(B.C.8-2세기)를 말합니다. 하나같이 어지럽기 그지없는 고대 사회에서의 처절한 모순과 절망 가운데에서 한 송이 꽃으로 피어납니다.

갈 데까지 가 버린 인간의 모습에 대한 성찰과 어지러운 사회를 깊이 있게 꿰뚫어보면서, 시나브로 인류 역사의 굵직한 가르침들이 꽃처럼 활짝 피어났던 겁니다. 그래서 세계사에서 보기드문 시대정신을 우뚝 세워 놓았지요. 그러므로 이른바 차축시대 무렵에 이 세상에 환한 빛으로 드러난 가르침들은, 역설적으로 어지럽기 그지없던 고대 사회 혼란에서의 아픔을 딛고 진주처럼 알알이 맺힌 인류의 위대한 유산이라 말할 수 있습니다. 오늘날 우리 사회에 이루어진 민주화의 발걸음들 역시 하나같이 삶의 아픔을 거름 삼아 꽃을 피우게 된 것과 비슷한 셈입니다.

그래서인지 성서의 시편에서는 이렇게 노래합니다. "여호와께서 하늘에서 인생을 굽어 살피사 지각이 있어 하나님을 찾는 자가 있는가 보려 하신즉 다 치우쳤으며 함께 더러운 자가 되고 선을 행하는 자가 없으니 하나도 없도다. 죄악을 행하는 자는 다 무지하뇨, 저희가 떡 먹듯이 내 백성을 먹으면서 여호와를 부르지 아니하는도다. 저희가 거기서 두려워하고 두려워하였으니 하나님이 의인의 세대에 계심이로다." (시 14:2-5)

갈 데까지 가 버려 더 이상 도를 찾아볼 수 없는 세상에서, 진실된 가르침은 더 이상 말이 없습니다. 칼과 주먹만이 씽씽 날아다니는 세상에서 사람은 그저 파리 목숨일 뿐입니다. 무위(無爲)의 가르침이라는 것 또한 말 그대로 눈을 씻고도 찾아볼 수 없지요. 그러므로 하나님만이 홀로 두려워하고 두려워하는 대상이라는 것을 비로소 깨닫습니다. 도(道)가 온 누리에 널리 퍼져나갈 때에야 비로소 만물이 숨을 쉬고 살아 움직이는 것처럼 말이지요.

지금은 동과 서가 서로 이웃집처럼 가까워진 21세기입니다. 그러므로 하나님과 도(道)의 가르침이 만나는 오늘날의 세상은 매우 뜻깊은 시간이 아닐 수 없습니다. 그러나 여전히 제국주의와 자본주의의 어둑한 그림자는 우리를 휘감고 돌며 날뛰고 있기에, 전쟁과 종말의 두려움으로 부르짖으며 만물이 탄식합니다. 그래서인지 시나브로 새로운 하늘과 새 땅이 펼쳐지는 폭풍전야와 같이 온 세상은 고요하기 그지없습니다.

33장

내 활을 의지하지 않을 것이라

以道佐人主者 不以兵强天下 其事好還(旋) 師之所處 荊棘生焉 大軍之後 必有凶年 故善者 果而已 不敢以取强 果而勿矜 果而勿伐 果而勿驕 果而不得已 是果而勿强

物壯則老 是謂不道 不道 早已

도로써 군주를 돕는 자는 함부로 군졸을 움직여 천하를 다투지 아니한다. 모든 일은 그대로 되돌아오게 마련이다. 군졸이 머무는 곳마다 가시나무가 판을 치며, 대군이 일어나면 반드시 흉년이 들이닥친다. 그런 까닭에 선한 사람은 꿋꿋할 뿐이고, 함부로 힘을 휘두르지는 않는다. 꿋꿋하지만 그렇다고 나대거나 으스대지도 않는다. 꿋꿋하지만 교만하지도 않으며, 꿋꿋하지만 어쩔 수 없을 때 비로소 나설 뿐이다. 이것이 바로 굳세면서도 함부로 힘쓰지 않는 것이다. 무릇 휘두르고 나면 쇠하게 마련이다. 이는 도에 어긋나는 것이니 도를 벗어나면 곧 스러지게 된다.

시편 43:3-8

저희가 자기 칼로 땅을 얻어 차지함이 아니요 저희 팔이 저희를 구원함도 아니라, 오직 주의 오른손과 팔과 얼굴의 빛으로 하셨으니 주께서 저희를 기뻐하신 연고니이다. 하나님이여 주는 나의 왕이시니 야곱에게 구원을 베푸소서. 우리가 주를 의지하여 우리 대적을 누르고, 우리를 치려 일어나는 자를 주의 이름으로 밟으리이다. 나는 내 활을 의지하지 아니할 것이라, 내 칼도 나를 구원치 못하리이다. 오직 주께서 우리를 우리 대적에게서 구원하시고 우리를 미워하는 자로 수치를 당케 하셨나이다. 우리가 종일 하나님으로 자랑하였나이다. 우리가 하나님의 이름을 영영히 감사하리이다.(셀라)

옛말에도 이르듯이, 말 타는 사람은 또한 머슴까지 부리며 고삐를 잡아 몰게 하려는 것이 인지상정입니다. 좋은 차가 생기면 이왕지사 운전하는 사람까지 바라는 것처럼, 사람의 마음은 예나 지금이나 엇비슷하게 마련이지요. 칼과 창이 번뜩거리는 데다가 자신의 말 한마디에 산천초목이 벌벌 떨 지경에까지 이르면, 그 누구라도 한 번쯤 창칼을 휘두르며 한바탕 호령을 꿈꾸어 보는 것도 근사한 일일 겁니다. 역대하에서 가리키는 바 이스라엘 임금들의 모습이 바로 그러했던 것 같습니다.

"때에 선견자 하나니가 유다 왕 아사에게 나아와서 이르되, 왕이 아람 왕을 의지하고 왕의 하나님 여호와를 의지하지 아니한고로 아람 왕의 군대가 왕의 손에서 벗어났나이다. 구스 사람과 룹 사람의 군대가 크지 아니하며 말과 병거가 심히 많지 아니하더이까. 그러나 왕이 여호와를 의지한 고로 여호와께서 왕의 손에 붙이셨나이다. 여호와의 눈은 온 땅을 두루 감찰하사 전심으로 자기에게 향하는 자를 위하여 능력을 베푸시나니 이 일은 왕이 망령되이 행하였은즉 이 후부터는 왕에게 전쟁이 있으리이다 하매…" (대하16:7-9)

일찍이 종살이하다 출애굽하던 히브리인들은 창칼을 번뜩이며 쫓아오는 바로의 군대를 보고 갈팡질팡 흔들리기도 했지요. 그때 성서는 이스라엘 사람들에게 이런 말씀으로 일깨워 줍니다.

"여호와께서 너희를 위하여 싸우시리니 너희는 가만히 있을지니라.(출 14:14)" 훗날, 이스라엘이 근사한 왕국을 세우고 난 이후에도 마찬가지입니다. 팔뚝 굵어졌다고 거드름 피우는 이들이 창칼을 앞세우고 깃발을 휘날리며 잔뜩 전쟁놀음에 빠져 들어갈 무렵이면, 언제나 매섭게 울려퍼지는 소리가 있습니다. 그 난리법석 한 가운데서도 떠억 하니 '전쟁은 하나님께 속한 것'이라는 메시지가 허름한 예언자의 입에서 흘러나오는 것이지요.

그런데도 여전히 정신 못 차리고 제 맘대로 칼과 창을 휘두르며 전쟁을 재촉하는 임금이 있다면, 역대하에 나타나는 아사 왕처럼 끝내 하나님의 무서운 징계를 받는 주인공이 되겠지요. 이스라엘의 첫 번째 왕이었던 사울 또한 여기서 벗어날 수 없었고, 그 이름이 해처럼 빛나는 다윗 역시 제멋대로 전쟁 준비를 하다가 하나님이 내리시는 호된 시련을 겪으니까 말입니다. 그러니 모름지기 하나님 눈에 듬직한 일이라든지, 도(道)에 거스르지 않고 흔들림없이 나아가는 일들은 하나같이 삼가 두렵고 떨리지 않을 수가 없습니다.

34
장

전쟁은 하나님께 속한 것

夫佳兵 不祥之器 物或惡之 故有道者不處 君子 居則貴左 用兵則貴右

兵者 不祥之器 非君子之器 不得已而用之 活惔 爲上 勝而不美 而美之者 是樂殺人 夫樂殺人者 不可得志於天之下

무릇 군병을 일으키는 것은 썩 좋은 일이 못된다. 세상 모두가 싫어하는 바이니, 뜻있는 사람은 이를 저어한다. 군자는 군사를 일으키기보다는 싸우지 않는 것을 더 바람직하게 여긴다. 창칼이라는 것은 썩 바람직한 것이 아니니, 군자의 길이 아니다. 마지못해 싸우더라도 무릇 삼가는 마음이 바람직하니, 이겨봤자 상처뿐인 영광일 따름이다. 그런데도 잘했다고 떠든다면, 살인하기를 즐겨

하는 것이다. 무릇 살인을 좋아하는 사람은 천하만국에 뜻을 얻을 수 없다.

역대하 20:15-9

온 유다와 예루살렘 거민과 여호사밧 왕이여 들을지어다. 여호와께서 너희에게 말씀하시기를 이 큰 무리로 인하여 두려워하거나 놀라지 말라. 이 전쟁이 너희에게 속한 것이 아니요, 하나님께 속한 것이니라. 내일 너희는 마주 내려가라. 저희가 시스 고개로 말미암아 올라오리니, 너희가 골짜기 어귀 여루엘 들 앞에서 만나려니와, 이 전쟁에는 너희가 싸울 것이 없나니 항오를 이루고 서서 너희와 함께한 여호와가 구원하는 것을 보라. 유다와 예루살렘아 너희는 두려워하며 놀라지 말고 내일 저희를 마주 나가라. 여호와가 너희와 함께하리라 하셨느니라 하매, 여호사밧이 몸을 굽혀 얼굴을 땅에 대니 온 유다와 예루살렘 거민들도 여호와 앞에 엎드려 경배하고 그핫 자손과 고라 자손에게 속한 레위 사람들은 서서 심히 큰 소리로 이스라엘 하나님 여호와를 찬송하니라.

성서를 가만히 들여다보면, 신기하게도 이스라엘과 우리나라의 모습이 어쩜 그렇게 닮은꼴인지 혀를 내두를 때가 많습니다. 특별히 이사야서를 따라가다 보면 늘 우리나라의 형편이 떠올라 말씀을 전하다가도 눈물이 나오기 일쑤지요. 특별히 가장 가슴이 찔려 오는 장면은, 뭐니뭐니 해도 남과 북이 서로 갈라져 같은 민족끼리 창칼을 맞대고 으르렁거리는 모습입니다. 어쩌면 그토록 어리석게도 우리의 모습과 이스라엘이 닮았는지, 때로는 섬뜩한 마음에 두려움과 공포에 휩싸일 때가 적지 않습니다.

그래서인지 이 문제를 놓고 신앙 공동체 안에서도 서로 시각이 달라 언성을 높일 때가 있습니다. 특별히 이북에서 '공산당' 에게 시달리다가 목숨을 걸고 내려오신 실향민들을 만날 때면 더욱 안타깝기 그지없습니다. 게다가 황해도가 고향이라 '공산당' 에게 모든 것을 빼앗기고 내려오신 아버님을 모시고 있는 까닭에 더 아련하게 마련입니다. 그럼에도 어쩔 수가 없습니다. 그저 성서의 가르침에 따라 하나님 말씀을 끄집어 내어 화해의 메시지를 선포해야 하지요. 그럴 때마다, 빨갱이 아니냐는 가슴 아픈 뒷말까지 들어야 할 정도로 상처가 깊은 것이 오늘날 우리의 자화상입니다.

요즈음은 이북에서 여러 차례 핵실험을 하고 위성까지 쏴아올리는 바람에 남북 관계가 더욱 날카로워졌습니다. 그런 까닭에 자연스레 이남에서도 핵무장 이야기가 나오게 되고, 기어코 천문학적인 경비가 소요되는 군비 경쟁으로 끝없이 치닫는 것을 볼 수 있지요. 가뜩이나 경제도 어려운 형편에다가, 남북이 서로 앞서거니 뒷서거니 군비 경쟁에만 돈을 쏟아 부울 판국입니다. 살림살이 빡빡한 처지의 남북 백성들만 더욱 배를 곯게 되고, 강대국들은 첨단 살상무기를 비싼 가격에 팔아넘기며 두둑한 주머니를 더욱 불리는 꼴이네요.

동아시아에 널리 퍼져 있는 가르침은 유달리 전쟁 문제에 더욱 철저합니다. 무릇 병기라는 것은 일종의 필요악과 같은 물건으로 여기지요. 그러기에 가장 마지막 어쩔 수 없는 순간에 등장하는 최후 수단이라는 겁니다. 이러한 까닭에 무력이 판을 치는 전쟁터에서도 언제나 문관(文官)이 군사를 통솔하는 모습을 쉽게 찾아볼 수 있습니다. 그 무엇보다도 백성을 위하는 마음 씀씀이가 깊이 느껴지는 대목입니다.

『난중일기』에 나타난 이순신 장군을 보면 밤새도록 잠을 이루지 못하며 아파하는 장면이 자주 나옵니다. 물론 몸이 아프기도 하겠지만, 싸울 때마다 애꿎은 뭇 생명들이 스러져 가는 것에 차마 견디지 못하는 것이겠지요. 그래서인지 김훈의 소설 『칼의 노래』에서도 이러한 처절함을 속속들이 그리고 있습니다. 심지어 쓸데없는 희생을 피하려고 하다가 선조로부터 명령 불복종으로 억울한 옥살이까지 겪기도 하지요. 그러니 나라와 백성을 위하는 이순신 장군의 속깊은 도의 세계는 도무지 헤아릴 길이 없을 정도입니다.

성서에서도 이러한 가르침은 뚜렷합니다. 그래서 이스라엘에서 별처럼 빛나는 다윗 임금도 이 점에서는 늘 경계의 본보기가 되곤 하지요. 그는 이스라엘 임금 중에서도 가장 빛나는 시기를 이루었고, 많은 업적을 남긴 왕으로 알려져 있습니다. 그런데도 그는 산더미같이 쌓아 놓고 준비하며 간절히 원하던 성전 건축을 끝내 이루지 못합니다.(역대상29:2) 역대기 저자는 그 이유를 이렇게 또박또박 적어 놓았습니다. "여호와의 말씀이 내게 임하여 이르시되 너는 피를 심히 많이 흘렸고 크게 전쟁하였느니라. 네가 내 앞에서 땅에 피를 많이 흘렸은즉 내 이름을 위하여 전을 건축하지 못하리라."(역대상22:8)

그리고 성전을 짓는 영광의 주인공은 바로 평화라는 뜻의 이름을 지닌 그의 아들 솔로몬에게 돌아갑니다. 이러한 가르침은 오늘날 21세기를 살아가는 우리에게도 마찬가지로 다가옵니다. 하늘 아래 사는 곳이 다르고 옛날과 오늘이 각각 다르지만, 하늘이 내리신 뭇 생명을 함부로 대하지 말라고 일깨우는 가르침은 언제나 모두가 다르지 않을 테니까요.

35
장

다 이 일을 알고 두려워하며

以道莅天下 其鬼不神 非其鬼不神 其神 不傷民 非其神不傷民 聖人 亦不傷民 夫兩不相傷 故 德交歸焉

천하가 도로서 다스려지면 도깨비가 날뛰지 못한다. 도깨비가 날뛰지 못할 뿐 아니라 백성을 해치는 바도 없다. 백성을 해치는 바가 없을 뿐 아니라 성인 또한 백성을 해치는 바 없다. 이 모두가 백성을 해하는 바가 없다. 까닭에 덕이 어우러지고 서로 살가워지게 된다.

사도행전 19:11-19

하나님이 바울의 손으로 희한한 능을 행하게 하시니, 심지어 사람들이 바울의 몸에서 손수건이나 앞치마를 가져다가 병든 사람에게 얹으면 그 병이 떠나고 악귀도 나가더라. 이에 돌아다니며 마술하는 어떤 유대인들이 시험적으로 악귀 들린 자들에게 대하여 주 예수의 이름을 불러 말하되, 내가 바울의 전파하는 예수를 빙자하여 너희를 명하노라 하더라. 유대의 한 제사장 스게와의 일곱 아들도 이 일을 행하더니, 악귀가 대답하여 가로되 예수도 내가 알고 바울도 내가 알거니와 너희는 누구냐 하며 악귀 들린 사람이 그 두 사람에게 뛰어올라 억제하여 이기니 저희가 상하여 벗은 몸으로 그 집에서 도망하는지라. 에베소에 거하는 유대인과 헬라인들이 다 이 일을 알고 두려워하며 주 예수의 이름을 높이고, 믿은 사람들이 많이 와서 자복하여 행한 일을 고하며, 또 마술을 행하던 많은 사람이 그 책을 모아 가지고 와서 모든 사람 앞에서 불사르니, 그 책 값을 계산한즉 은 오만이나 되더라.

선무당이 사람 잡는다는 말이 있습니다. 무당도 무당 나름이기에, 알록달록 차려 입었다고 다 같은 무당이 아니라는 말씀이네요. 신학교 때 선생님의 우스개 말씀이 떠오릅니다. 주일을 보내고 월요일에 쉬고 있는 목사님에게 어떤 열혈 성도가 찾아왔습니다. 사탄이 우는 사자와 같이 날뛰는 세상에 목사님이 쉬면 큰일난다는 것이지요. 그때 목사님 말씀이 걸작입니다. 그러니까 월요일에는 쉰다는 겁니다. 월요일마저 쉬지 않고 돌아다니다가는 자칫 세상을 어지럽히는 사탄이 될 수도 있기 때문이라나요 뭐라나요.

우스개로 넘기기에는 너무나도 가슴이 철렁하는 말씀입니다. 믿음이란 것은 모름지기 신령한 세계이기에 이렇듯 간단하지 않습니다. 생명이 오락가락하고, 영혼이 들락날락하며, 하늘과 땅이 어우러지기에, 더욱 삼가고 살펴야 하는 겁니다. 여기에는 어떤 예외도 있을 수 없습니다. 사도행전 19장에 나타난 제사장 스게와의 일곱 아들 이야기도 마찬가지입니다. 아비가 제사장이라고 해서 아들이 저절로 영험 있는 무당이 되는 것은 아니겠지요.

요즈음 감리교회에서는 세습금지법이라는 조항이 생겼습니다. 오늘날 갈 데까지 가 버린 한국 교회의 속살을 적나라하게 보여주고 있습니다. 그래도 서둘러 세습을 금지하는 법을 첫 번째로 만들어서 개신교 중에서는 그나마 좀 나은 모습을 보여준 것이라는데, 막상 뚜껑을 열어 보니 뒷맛이 영 씁쓸하기 그지 없습니다. 열 순사가 도둑 하나를 잡지 못한다는 말처럼, 금새 미꾸라지처럼 이 금지 조항을 요리조리 잘도 피해 가더니 결국 자식들에게 교회를 물려준 목사가 있으니 말입니다.

결국 귀신이나 성인 모두가 한가지인 듯합니다. 그 옛날, 멋도 모르고 날뛰다가 하나님과 사람들에게 버림 받고 나라까지 말아먹었던 엘리 제사장과 사무엘의 아들들이 떠오릅니다. 그리고 사도행전에 나타난 스게와의 일곱 아들에 이르기까지, 선무당처럼 날뛰며 하나님의 뜻을 가리는 일들은 늘 어리석은 인간세계를 어지럽히게 마련이지요. 어떤 때는 귀신의 모습이기도 하고, 때로는 그럴듯한 성인의 모습 또한 언뜻언뜻 비칩니다. 그러니 하늘에서 요모양 요꼴을 보시는 분이 하두 기가 막혀 "제사도 집어 치우고 제물도 거둬 버려라."(사1:13) 하며 호통을 치십니다.

그래서 '순종이 제사보다 낫다.'(삼상15:22)는 말씀이 나올 수밖에 없습니다. 아무리 북치고 장구치며 난리법석을 치른다고 해도, 껍데기만 그럴듯한 제사는 모두가 귀신의 장난에 불과한 셈입니다. 오늘날 세계 방방곡곡 으리으리하게 높다란 교회나 울긋불긋 꾸며 놓은 성당 건물은 또 어떻습니까. 하나님 없이 맘몬 귀신이나 도깨비만 들끓는 어느 순간이 오면, 모든 것이 시들해지고 맙니다. 그리고는 십자가는 떼어진 채로, 술집이나 장삿꾼들에게 팔려가는 처량한 신세가 되는 것이지요.

미국에 머물 때, 가까운 벗의 손에 이끌려 이름난 미국의 수정 교회에 가본 적이 있습니다. 마침 부활절이라 공연이 있었는데, 마치 영화 촬영장처럼 강대상 제단 위로 말을 탄 로마 병정이 올라오는 모습에 깜짝 놀라기도 했지요. 이처럼 어마어마한 교회의 규모에 그만 입이 딱 벌어지기도 했지만, 한편으로는 어떻게 교회를 유지하려나 걱정되기도 했습니다. 아니나 다를까, 그 유명한 로버트 슐러 목사가 물러나고 후계자 문제로 한동안 시끌벅적하더니 슬슬 흉흉한 소문이 떠돕니다. 그러더니 기어코 부도가 났다지 뭡니까. 세계 최대의 파이프오르간이 있다는 수정교회는 이제 그만 팔려 가는 신세가 되었습니다.

이 대목은 노자 60장의 치대국약팽소선(治大國若烹小鮮)을 율곡이 알기 쉽게 간추려 풀이한 것입니다. 교회가 부흥되고 덩치가 커질수록 하나님의 뜻이 어디 있는가 곰곰이 새겨 보라는 대목이네요. 꽃단장하느라 이리저리 야단법석하며 한참이나 바쁜 한국 교회를 툭툭 일깨우시는 하나님의 깊은 뜻이 도의 가르침에도 숨어 있는 듯합니다.

36장

겨자씨와 하나님 나라

合抱之木 生於毫末 九層之臺 起於累土 千里之行 始於足下. 圖難於其易 爲大於其細 天下之難事 必作於易 天下之大事 必作於細 夫輕諾 必寡信 多易 必多難 是以聖人 猶難之 故 終無難

其安 易持 其未兆 易謀 其脆 易破 其微 易散 爲之於未有 治之於未難

가지 무성한 나무도 터럭 하나에서 비롯하며, 아홉 층 높다란 탑도 한 줌 흙으로 쌓아가고, 천릿길도 한 걸음부터 나아가는 것이다. 아무리 어려운 일도 쉬운 일에서 비롯되며, 커다란 일도 자그마한 것으로부터 말미암는다. 천하의 어려운 일도 하나같이 가벼운 것에서 비롯되며, 천하의 큰 일거리 또한 하찮은 일에서 말미암는다. 그러므로 가볍게 여겼다가는 큰코다치기 쉽고, 어영부영 넘어가다 보면 반드시 어려움이 닥친다. 그런 까닭에 성인은 꼼꼼히 짚어 나가니 아무리 까다로운 일도 끝내 이겨 낸다.

모름지기 든든하니 다지기가 쉽고, 걸리적거리는 것이 없으니 마음껏 펼칠 수 있다. 딱딱하지 않으니 깨뜨리기 쉽고, 큰일이 아니니 손쉽게 풀어 나간다. 벌어지기 전에 미리 마무리하고, 어려워지기 전에 쉬이 다스린다.

누가복음 13:18-21

그러므로 가라사대 하나님의 나라가 무엇과 같을꼬 내가 무엇으로 비할꼬, 마치 사람이 자기 채전에 갖다 심은 겨자씨 한 알 같으니 자라 나무가 되어 공중의 새들이 그 가지에 깃들었느니라. 또 가라사대 내가 하나님의 나라를 무엇으로 비할꼬, 마치 여자가 가루 서 말 속에 갖다 넣어 전부 부풀게 한 누룩과 같으니라 하셨더라.

춘분도 지나고 개구리도 겨울잠에서 깨어나 기지개를 펴고 뛰쳐나오니, 한 해 농사를 준비하며 차분하게 마음의 준비를 하는 때입니다. 고랭지 채소를 재배하던 강원도 산골짜기 첫 목회지에서 만난 성도님들은 항상 이맘때쯤이면 기도를 하면서 한해 농사를 가늠했지요. 배추농사를 할 것인가 무 농사를 할 것인가를 잘 따져서 헤아리지 않으면, 가을 수확기에 큰 낭패를 볼 수 있기 때문입니다. 지난해 값이 좋았다고 마을 모두가 우루루 배추농사에 몰려들게 되면, 그야말로 보통 문제 되는 것이 아닙니다. 보나마나 가을 무렵에는 한아름 들기조차 버거운 튼실한 배추를 한 푼도 건지지 못하고 갈아엎게 될 것은 불을 보듯 뻔하거든요.

따라서 무엇보다도 기도하는 마음으로 지난 해를 돌아보고, 너무 지나친 욕심을 버리는 것이 매우 중요한 시간입니다. 그러므로 그저 겨자씨와 같은 마음과 정성으로 한 해를 준비하라는 말씀은 언제나 태산처럼 다가오지요. 그런 마음씨로 자그마한 씨앗 하나 택하는 것도 정성을 다하고 소홀히 여기지 않습니다. 그리고 때가 되면 새벽 일찍부터 일어나 부지런히 씨를 뿌립니다. 그렇게 지친 몸을 누이고 자고 깨고 하다 보면, 하늘이 내리시는 한량없는 은총으로 만물은 무럭무럭 자라나게 마련입니다. 그러다 보면 어느새 공중의 새들조차 수없이 날아와서 깃들이도록 쑥쑥 자라면서 파릇파릇 가지 또한 보기 좋게 뻗어 나가지요.

이렇게 보면 하나님 나라는 겨자씨와 나란한 셈입니다. 달리 말해서 겨자씨를 통해 하나님 나라를 볼 수 있는 사람은 제대로 된 농사꾼이자 틀림없는 믿음의 사람이라는 말이지요. 그래서일까, 강원도 산골짜기 할머니 권사님들은 80년 가까이 목회자가 없었는데도 흔들리지 않고 꿋꿋하게 신앙을 지켜왔습니다. 사택도 없었던 교회에 80년 만에 첫 번째 담임자로 햇병아리 전도사가 부임했을 때, 그 권사님들은 가는 곳마다 마치 예수님을 영접하는 품새로 안방을 전도사 사택으로 내주었지요.

이처럼 80년 동안 옹골차게 맺혀 온 신앙을 첫 목회지에서 만난 까닭에 햇병아리 전도사는 오히려 사랑과 가르침을 제대로 받은 셈입니다. 일찌감치 속깊은 도의 세계를 저절로 몸에 익혔으니 말입니다. 어느덧 수십 년이 흘러 아직도 살아 계신지 알 수 없건만, 허연 백발 권사님들의 기도와 헌신은 오늘도 흐트러지기 쉬운 순례자의 마음을 새삼스레 다잡아 주곤 합니다. 그러므로 오늘 나 자신의 삶은, 바로 겨자씨와 같은 마음씨로 농사를 준비하며 산골짜기 교회에서 믿음을 지켰던 노(老) 권사님들의 또 다른 얼굴인 셈입니다. 그 권사님들의 겨자씨와 같은 소중한 마음을 새기며, 오늘도 하나님 나라의 겨자씨를 준비하는 하루를 열어 나갑니다.

37장

너희 안에 이 마음을 품으라

勇於敢則殺　勇於不敢則活　此兩者　或利或害　天地所惡　孰知其故　是以聖人　猶難之

天地道　不爭而善勝　不言而善應　不召而自來　天網恢恢　疎而不失

民不畏威　則大威至

힘 있다 하여 함부로 휘두르면 죽이는 것이요, 힘써 삼가 살피면 살리는 것이다. 때때로 이것이 이롭기도 하고 저것이 해로울 수도 있으니, 천지의 거리끼는 바를 어찌 헤아릴 수 있겠는가. 그런 까닭에 성인은 함부로 나대지 않는다. 천지의 도는 다투지 않아도 능히 이기며, 말하지 않아도 절로 이루어지고, 부르지 않아도 스스로 다가오는 것이다. 하늘의 그물은 크고 넓어, 촘촘하지는 않되 하나라도 놓치는 법이 없다. 사람들이 삼가지 않고 제멋대로 나대면, 이윽고 커다란 심판을 맞이한다.

빌립보서 2:5 -12

너희 안에 이 마음을 품으라 곧 그리스도 예수의 마음이니, 그는 근본 하나님의 본체시나 하나님과 동등됨을 취할 것으로 여기지 아니하시고, 오히려 자기를 비워 종의 형체를 가져 사람들과 같이 되었고, 사람의 모양으로 나타나셨으매 자기를 낮추시고 죽기까지 복종하셨으니 곧 십자가에 죽으심이라. 이러므로 하나님이 그를 지극히 높여 모든 이름 위에 뛰어난 이름을 주사, 하늘에 있는 자들과 땅에 있는 자들과 땅 아래 있는 자들로 모든 무릎을 예수의 이름에 꿇게 하시고, 모든 입으로 예수 그리스도를 주라 시인하여 하나님 아버지께 영광을 돌리게 하셨느니라. 그러므로 나의 사랑하는 자들아 너희가 나 있을 때뿐 아니라 더욱 지금 나 없을 때에도 항상 복종하여 두렵고 떨림으로 너희 구원을 이루라.

사순절(四旬節)은 예수의 부활을 준비하는 40일간을 기념하는 기간입니다. 화려하기 이를 데 없는 세상 임금의 자리를 저만치 밀어두고, 뚜벅뚜벅 십자가 골고다의 길을 향해 걸어가신 예수님의 발자욱을 되새기는 시간이지요. 하늘 아버지의 뜻이 그러할진대, 아무런 말 없이 하늘의 뜻을 받들었던 예수님의 지극한 마음씨는 좀처럼 헤아리기 어렵습니다. 오죽하면 3년 동안 풍찬노숙(風餐露宿)하며 예수님을 따라다녔던 제자들조차 철없이 까막눈이었을까요. 그러니 예루살렘에 들어갈 때 군중들이 외쳐대던 호산나 소리에 취하기도 하고, 임금님 대관식 들러리 생각으로만 가득차 그렇듯 들떠 있었겠지요.

그러나 겟세마네 동산에서 홀로 애쓰시며 하늘의 뜻을 헤아리는 예수님은 온통 땀범벅입니다. 그런데도 그저 철없이 잠에 취해 있었던 제자들의 모습을 떠올리면 더욱 처량하기 그지없습니다. 그래서인지 고이 간직했던 값비싼 향유를 들고 슬그머니 나타나 예수님의 장례식을 준비했던 이름없는 한 여인의 손길을 보면, 섬뜩한 마음에 우리의 빈 손이 더욱 초라해지는 순간입니다. 게다가 그런 모습을 바라보면서도 여전히 주판알을 튕기며 툴툴거리던 제자들을 지켜보고 있노라면(막14:4), 이들을 제자로 삼으셨던 예수님이 딱하기 그지없을 정도입니다.

빌립보서의 바울은 이러한 십자가의 길과 예수 그리스도의 마음을 가리켜, 이른바 "텅 비어 계신 하나님"(kenosis Chrisotology)이라는 이름을 붙입니다. 근본은 하나님의 본체이시지만 자기를 스스로 비워 종의 형체를 지닌다는 말이지요. 그런데 이러한 비움은 겉으로만 그럴싸하게 보이는 차원이 아닙니다. 모조리 벌거벗긴 채로 십자가에 달려 온통 내어주기까지 텅 비어 계신 하나님이란 말이니까요. 모름지기 하늘의 그물은 휑뎅그레하니 비어 있다는 노자 도덕경의 말 그대로입니다.

그렇다면 이토록 엉성하기 그지없는 하늘의 그물은 이제 아무런 쓸모가 없어진 것일까요. 도무지 촘촘한 구석이라고는 찾아볼 수 없는 그물인데, 어찌하여 참새 한 마리 놓치지 않고 피래미 한 놈이라도 거저 보내는 일이 없는 것일까요. 도무지 다투는 바가 없는데, 어느 누구도 당해 낼 수 없는 이유는 또한 무엇일까요. 말 한마디 없는데 저절로 이루어지고, 부르지도 않았는데 스스로 다가오는 까닭은 도대체 헤아릴 수가 없습니다.

이윽고 때가 차면, 하늘에 있는 자들과 땅에 있는 자들 그리고 땅 아래 있는 이들 모두가 한결같이 그 앞에 무릎을 꿇습니다. 그러므로 구원의 역사는 모름지기 하늘의 알 수 없는 손길일 따름입니다. 우리는 그저 두렵고 떨리는 마음으로 구원을 바라보며 일러주신 말씀대로 그저 한 걸음씩 따라갈 뿐입니다.(12절)

38장

많이 거둔 자도 남지 않고 적게 거둔 자도 모자라지 않는

天之道 其猶張弓乎 高者抑之 下者擧之 有餘者損之 不足者與之 天之道 損有餘而補不足.

天道無親 常與善人.

하늘의 도는 마치 활쏘기와 같구나. 높이 든 것은 낮추어야 하고, 아래로 처진 것은 높여야 한다. 헐렁하면 당겨야 하고, 빡빡하면 풀어야 한다. 모름지기 하늘의 도는, 남는 것을 덜어내고 모자란 것을 채우는 법이다.

하늘의 도는 어디에도 치우침이 없으니, 언제나 선한 이를 가까이한다.

출애굽기 16:11-18

너희가 해질 때에는 고기를 먹고 아침에는 떡으로 배부르리니, 나는 여호와 너희의 하나님인 줄 알리라 하라 하시니라. 저녁에는 메추라기가 와서 진에 덮이고 아침에는 이슬이 진 사면에 있더니, 그 이슬이 마른 후에 광야 지면에 작고 둥글며 서리같이 세미한 것이 있는지라. 이스라엘 자손이 보고 그것이 무엇인지 알지 못하여 서로 이르되, 이것이 무엇이냐 하니 모세가 그들에게 이르되 이는 여호와께서 너희에게 주어 먹게 하신 양식이라. 여호와께서 이같이 명하시기를 너희 각 사람의 식량대로 이것을 거둘지니, 곧 너희 인수대로 매 명에 한 오멜씩 취하되 각 사람이 그 장막에 있는 자들을 위하여 취할지니라 하셨느니라. 이스라엘 자손이 그같이 하였더니 그 거둔 것이 많기도 하고 적기도 하나 오멜로 되어 본즉 많이 거둔 자도 남음이 없고 적게 거둔 자도 부족함이 없이 각기 식량대로 거두었더라.

이른바 중동의 팔레스타인 지역은 잘 알려진 바대로 사연이 많은 땅입니다. 오늘날도 그렇거니와 기나긴 역사를 훑어보아도 마찬가지입니다. 조마조마하여 언제 터질지도 모르는 화약고라는 이름이 붙어 내려올 정도이니 더 이상 군말이 필요없습니다. 지금도 예루살렘에 가 보면, 유대교와 기독교 그리고 이슬람교에서 모두가 하나같이 가장 중요한 성지로 떠받들며 각양각색의 순례자들이 모이는 곳이기도 합니다. 그래서인지 갖가지 피부색과 언어, 사상과 풍습이 서로 다른 이들이 1년 365일 하루도 빠짐없이 북적대며 얼굴을 맞대고 살아가는 땅이 되었습니다.

때문에 성지에 대한 관리와 참배 역시 갖가지 신앙을 가진 사람들이 서로가 지역이나 시간과 기능을 나누어 골고루 행사를 치르게 됩니다. 그렇지 않으면 자리를 놓고 서로가 치고받으며 다툴 수밖에 없을 테니까요. 그러니 사람 사는 곳은 언제나 어디든지 다 비슷비슷한 모습입니다. 수천 년 전에도 아마 마찬가지였겠지요. 출애굽한 이스라엘 공동체가 새로운 정착지에 도착하기까지 겪어야 하는 생활도 하나에서 열까지 보통 부대끼는 것이 아니었을 겁니다.

한두 사람도 아니고 자그만치 장정만 수십만이었으니, 이들이 가야 할 길은 끝없이 찰랑이는 망망대해와 같아 위태하고 아득하기가 그지 없습니다. 그래서인지 많이 거둔 자도 남지 않고, 적게 거둔 자도 모자라지 않는 특별한 공동체가 될 수밖에 없었겠지요. 그렇지 않고서야 무슨 수로 광야 40년을 버텨낼 수 있었겠습니까. 물론 하나하나 꼼꼼이 헤아려본다면, 때론 거둔 것이 많기도 하고 적기도 하였던 것이 분명합니다.(17절) 그러나 하나님이 주인이신 출애굽 공동체일진대 구태여 적게 거둔 자나 많이 거둔 자를 묻지도 않았고, 꼬치꼬치 따질 필요조차 없었던 셈입니다. 그러니 남거나 부족함이 없었겠지요.

이와 비슷하게, 누가복음에 보면 일자리를 얻기 위해 길거리에 나와 이리저리 헤매이는 일꾼들에 관한 이야기가 나오지요. 하루가 저물어 가는 무렵까지 일자리를 찾지 못하던 이들을 딱하게 여긴 포도원 주인은 이들을 불러들이는군요. 요즈음 우리 사는 사회 역시도 일자리 문제가 보통 심각한 것이 아니지만, 아마도 그 옛날은 더 심하지 않았나 싶습니다. 거의 저물 무렵인데도 아직까지 일자리를 잡지 못하고 서성거리는 이들이 있었으니 말입니다. 그러기에 포도원 주인은 모두에게 일자리를 마련해 주고, '누구에게나 한 데나리온씩'(마20:10) 얹어줍니다.

우리나라에도 이른바 경주 최부자네 집이 오늘날까지 수백 년 동안 사람들 입에 오르내리며 그 이름을 이어온 데는 깊은 속내가 있습니다. 이른바 콩 한 쪽도 나누어 먹는다는 옛 말씀처럼 말이지요. 그런데 서구 자본주의와 문화가 밀려들면서 우리 사회는 짧은 시간에 급격한 사회변동과 압축성장을 겪게 됩니다. 그리고 자연스레 양극화 현상이 사회 전반에 뿌리 깊게 자리 잡았습니다. 게다가 세계화니 글로벌이니 어쩌구저쩌구 하는 바람에 이러한 현상이 차츰 더 심해져 갑니다. 그렇게 백년이 흐른 오늘, 푹푹한 공동체로서의 유대감은 어느새 아스라한 옛 이야기가 되고 말았네요.

배창호 감독의 '그 해 겨울은 따뜻했네' 라는 영화에서는, 동족끼리 총부리를 겨눈 6·25전쟁을 겪으면서 우리가 살고 있는 한국사회가 어떻게 무너져 내리는가를 잘 풀어내고 있습니다. 원작자인 박완서는 그의 글을 통해 한 지붕 밑에서 한솥밥을 먹던 핏줄에게까지도 선뜻 손을 내밀지 못하는 자본주의 속성과 인간 욕망의 파노라마를 잘 보여줍니다. 도대체 무엇이 우리를 그렇게 만들었을까요. 피비린내나는 전쟁터에서의 혹독한 겨울마저도 녹여 버렸던 따뜻했던 인간성은 어느덧 서서히 사라져갑니다. 그리고 우리 속에 숨어 있던 '근본악' 이 꾸역꾸역 피어오르고 스멀스멀 똬리를 틀면서 시나브로 자리를 넓혀 갑니다.

우리네 마음 깊은 곳 어두운 무저갱(無底坑)과 맞부닥친 오늘은, 이른바 신자유주의 시대로 불리는 황금만능의 세상입니다. 과연 사람이라는 존재가 말 못하는 짐승이나 풀잎보다 나은 것이 무엇일까 다시 한번 물어보게 됩니다. 이제까지 상상할 수 없었던 참혹하고 무서운 자본의 피비린내가, 우리의 목줄을 꽉 누르며 숨통을 조이고 있는 듯 합니다. 하늘이 내리신 아름다운 동산에서 쫓겨난 이후로 아담의 멍에는, 창세 이후로 동과 서를 가리지 않고 늘 그림자처럼 우리를 뒤따라다닙니다. 그러기에 치우치지 않는 하늘의 도를 잃어버리고, '에덴의 동쪽'(창4:16)에서 살아가야 하는 우리가 풀어야할 숙제는 언제나 한 보따리입니다.

39장

나의 멍에는 쉽고 가벼우며

吾言 甚易知 甚易行 而天下 莫能知 莫能行 言有宗 事有君 夫惟無知 是以不我知 知我者希 則我者貴 是以聖人 被褐懷玉

나의 말은 누구나 알기 쉽고 누구든지 쉽게 따를 수 있다. 그러나 세상 사람들 모두 따르기는커녕 알려 하지도 않는다. 무릇 말에는 뼈대가 있고 일에는 뜻하는 바가 있다. 그런데 깊이 생각하는 바가 없는 까닭에 도무지 나를 알지 못한다. 나를 아는 이 적으니, 따르는 자 또한 드물다. 그러므로 성인은 허름하고 초라하지만 그 안에 보물을 품고 있다.

마태복음 11:27-30

내 아버지께서 모든 것을 내게 주셨으니, 아버지 외에는 아들을 아는 자가 없고 아들과 또 아들의 소원대로 계시를 받는 자 외에는 아버지를 아는 자가 없느니라. 수고하고 무거운 짐진 자들아 다 내게로 오라. 내가 너희를 쉬게 하리라. 나는 마음이 온유하고 겸손하니 나의 멍에를 메고 내게 배우라. 그러면 너희 마음이 쉼을 얻으리니, 이는 내 멍에는 쉽고 내 짐은 가벼움이라 하시니라.

율곡이 간추려 펴낸 노자 주석서 『순언(醇言)』의 마지막 39장과 40장은 결론에 해당됩니다. 그런데 이미 38장에서부터 새로운 세계상을 바라보는 실마리가 나타나기 때문에, 이 후반부의 전체 맥락은 일종의 종말론적 분위기를 지니고 있습니다. 물론 노장사상(老莊思想)을 비롯한 이른바 방외지도(方外之道)의 가르침이란 대체로 초세간적 세계를 지향하게 마련이지요. 따라서 현실 부정이나 새로운 세상의 이상향을 그리는 모습이 곳곳에 많이 나타납니다. 그런데다가 『순언』의 마지막 부분에 이르면 진리를 깨닫지 못하는 백성들의 어리석음이나 이를 탄식하는 내용이 끊임없이 이어집니다. 그렇기 때문에 마태복음 23장에 나타난 묵시문학에서의 탄식과 비전을 그대로 보여주는 느낌이군요.

"(마태23:37-9) 예루살렘아 예루살렘아, 선지자들을 죽이고 네게 파송된 자들을 돌로 치는 자여 암탉이 그 새끼를 날개 아래 모음 같이 내가 네 자녀를 모으려 한 일이 몇 번이냐. 그러나 너희가 원치 아니하였도다. 보라 너희 집이 황폐하여 버린 바 되리라. 내가 너희에게 이르노니 이제부터 너희는 찬송하리로다 주의 이름으로 오시는 이여 할 때까지 나를 보지 못하리라 하시니라."

일반적으로 볼 때, 유교의 가르침은 통치체제의 개혁과 유지, 보존을 우선시하는 것이 보통입니다. 그리고 노장사상 등 기타

방외지사(方外之士)들의 사상은 체제 유지보다는 새로운 세상의 비전을 담고 초세상적 틀을 지니는 것이 대부분이지요. 율곡은 이러한 점을 예리하게 간파하여 노자의 사상을 마무리합니다. 모름지기 진리를 아는 자도 드물거니와, 이를 따르는 자는 더욱더 찾아보기 힘든 법입니다. 다만 진리의 세계를 품은 성인이 새로운 세상을 여는 실마리가 된다는 소망을 내세울 뿐이지요.

그런데 사실 따지고 보면, 이러한 태도는 노장사상(老莊思想)에서뿐만 아니라 무엇보다 유교적 가르침의 뿌리를 이루는 것이기도 합니다. 맹자가 군주들 앞에서 거리낌없이 이른바 폭군살해(Tyrannicide)의 정당성을 천명했던 것에서도 알 수 있듯이, 하늘의 뜻이 제대로 이루어지는 새로운 세상 또한 유교에서도 빼놓을 수 없는 중요한 가르침이니까요. 그래서 성리학적 사유에서 요순(堯舜)의 태평성대와 걸주(桀朱)의 패역함이라는 구조는 언제나 중요한 통치철학의 뿌리로 이어져왔습니다. 그리고 때가 차서 이러한 이념이 구체적으로 삶에서 이루어질 무렵에는, 일종의 종말론적 신앙 공동체의 가르침이나 그 대중적인 힘을 거름 삼아 언제든지 불꽃처럼 훨훨 타오르게 마련입니다.

일찌기 로마 콘스탄틴 황제 이후의 서구 기독교라는 것이, 차라리 정치적인 중립의 가치를 내세울 수밖에 없을 정도로 지나치게 훼손된 정치적 편향성을 가져 왔던 것은 잘 알려진 사실입니다. 그리고 근대에 들어오면서 비로소 왕권신수설(王權神授說)에 대한 비판적 성찰이 드러나게 됩니다. 이에 비해, 수천 년동안 서릿발 같은 맹자의 가르침이 깊이 뿌리를 내려 이어온 동아시아의 전통은 그저 놀랍기 그지없습니다. 그래서인지 대한제국 시절 활동하던 서구 선교사들조차 동아시아의 이 같은 뿌리 깊은 전통에 어리둥절하지요. 순교자 못지않게 대쪽 같은 모습으로 초개와 같이 목숨을 내던지는 선비들을 보고 깜짝 놀라던 이도 있었구요.

그런 점에서 '믿음으로 의롭게 된다'(sola fide)는 가르침이나, '만인사제'의 소명(召命)론을 내세웠던 개신교의 역사는 의미가 남다를 수밖에 없습니다. 마치 구약시대 예언자들처럼 고대의 전제왕권에 휘둘리지 않고 거침없이 하나님 말씀을 대언했던 예언서 전통을 떠오르게 해주니까요. 아울러 종말론적인 하나님 나라의 임재를 선포했던 세례요한이라든지, '새 술은 새 포대에' 담으려 했던 예수님의 메시지도 내내 같은 물줄기이구요. 따라서 콘스탄틴 이후 서구 기독교에서 잃어버리고 말았던 종말론적 선포를 다시 회복하고, 하나님이 통치하시는 나라를 바라보았던 신학적 전환점이라고 평가할 수 있을 겁니다.

이처럼 하늘의 가르침은 사람들이 비비배배 꼬아 놓은 갖가지 율법을 훌쩍 뛰어넘고, 휘장으로 갈라 놓았던 지성소와 세상 사이를 활짝 열어젖혀 하나로 합니다. 그러고 나면 콘크리트 속에 꽁꽁 묶여 있었던 금관의 예수님도 부스스 몸을 털어내고 일어납니다. 그리고 이제는 천천히 가시면류관과 십자가가 기다리는 예루살렘으로 발걸음을 내딛습니다. 이렇듯 길 떠나시는 예수님을 물끄러미 바라보면서, 과연 오늘 우리도 "주와 함께 죽으러 가자."(요11:16)던 도마와 같이 선뜻 따라나설 수 있는지 두렵고 떨리는 사순절입니다.

40장

천천히 흐르는 실로아 물을 저버리고

大道 甚夷 而民 好徑

도는 큰 길과 같아 어디에나 널려 있건만, 사람들은 모두 빠른 길만 찾는다.

이사야 8:5-8

이 백성이 천천히 흐르는 실로아 물을 버리고 르신과 르말리야의 아들을 기뻐하나니, 그러므로 주 내가 흉용하고 창일한 큰 하수 곧 앗수르 왕과 그의 모든 위력으로 그들 위에 덮을 것이라. 그 모든 골에 차고 모든 언덕에 넘쳐 흘러 유다에 들어와서 창일하고 목에까지 미치리라. 그의 펴는 날개가 네 땅에 편만하리라 하셨느니라.

『순언』의 마지막 부분은, 율곡이 노자의 도덕경 53장에서 중심되는 한 구절을 뽑아 간추린 것입니다. 그런데 노자의 53장 전체를 읽어 보면, 나라를 책임 맡아 조정에서 일하는 위정자들의 무책임하고 방탕한 모습을 매우 신랄하게 비난하는 내용으로 가득합니다. 쉽게 말해서 구약의 예언자들이 왕과 지도자들 앞에서 매섭게 하나님의 말씀을 선포하며 회개를 촉구하는 내용과 마찬가지 모습이라는 얘기지요. 이러한 모습은 여기뿐만 아니라 노자의 도덕경을 읽다 보면 여기저기에서 쉽게 만날 수 있습니다.(9장, 31장 등)

이렇게 놓고 보면, 공자나 노자 그리고 율곡의 글들은 모두가 일맥상통하는 흐름입니다. 아마도 동아시아라는 삶의 자리에서 하늘이 내리시는 가르침은 이른바 장삼이사(張三李四)들로서도 크게 벗어나지 않는 셈입니다. 개인이나 사회나 나라 모두가 대도무문(大道無門)이라는 커다란 틀 속에 있어야 한다는 가르침이지요. 낮에 태양이 훤히 비칠 때에는 길을 가면서 돌부리에 걸려 넘어지지 않습니다. 도둑들이 활개 치고 다니지도 않을 테니 특별히 걸리적거릴 일도 없겠지요.

그리고 높다란 성벽에다가 큼지막한 문을 걸어 놓고 괜스레 어깨에 잔뜩 힘주며 신분증을 검사하면서 까다롭게 굴 것도 없거니와, 하나하나 머릿수 세어 가면서 세금 걷으려고 공연히 애쓸 필요도 없습니다. 모름지기 도(道)가 일러 주는 진리의 세계란 나 홀로 엉덩이 깔고 주저앉아 뭉기적거리는 식의 특별한 기득권도 없으며, 꼬치꼬치 따지며 이른바 저작권 내지는 독점권 같은 것을 내세우지도 않기 때문입니다.

그런데도 사람들은 한결같이 눈을 부라리며 무언가를 찾아 헤맵니다. 아마도 우리가 무심코 '빨리빨리' 라는 말로 다그치는 마음과 비슷한 모습일지도 모릅니다. 그러다 보니 세계에서 가장 빠르게 경제성장을 이루었다고 말하기도 하지만, 그렇게 서두르다가 그만 이 세상을 서둘러 이별하는 이도 그만큼 많아졌다는 서글픈 자화상입니다. 오죽하면 '5분 먼저 가려다가 50년 먼저 간다.' 라는 살벌한 글들이 버젓이 거리 곳곳에 나붙는 사회가 되었을까요.

하나님 보시기에 이스라엘 백성들도 이렇듯 너무 딱한 꼬락서니였던 듯싶습니다. 떠돌뱅이로 빌어먹던 무리들을 돌아보아 거두어 주시고, 헐벗던 흉년에는 애굽 땅을 마련하여 굶주림도 채워주십니다. 때가 이르자, 광야에서 헤메던 이들을 젖과 꿀이 흐르는 가나안 땅으로 이끌어 살게 해 주셨지요. 그런데 이게 웬일입니까. 천천히 흐르는 실로아 물을 마시며 주신 대로 만족하고 오순도순 사는 것이 별로 내키지 않았나 봅니다. 이리 비틀 저리 비틀 하다가 그만 가나안 땅의 포도주와 젖에 한껏 취해 버리고 맙니다. 그러다가 '에라, 모르겠다. 이참에 갈 데까지 가 보세나.' 하고 신나게 말춤 추며 마구 내닫는 꼬락서니입니다. 그러다가 이사야, 예레미야 선지자 말씀대로 나라는 갈갈이 찢겨지고, 끝내는 그렇게 좋아라 꽁무니 좇아다니던 강대국들의 한입 먹잇감이 되고 맙니다.

율곡이 이 구절을 『순언』의 마지막 장으로 편집한 것은 매우 의미심장합니다. 이스라엘과 마찬가지로 한반도 역시 지정학상 강대국들의 틈바구니에 놓여서 엇비슷한 내력을 지니고 있지요. 그러기에 파란만장한 역사를 딛고 일어선 조선왕조의 앞날을 무척이나 염려했던 사람이 바로 율곡입니다. 세종 임금이 들어서던 무렵만 해도 일본과 만주에까지 힘을 뻗쳐 국경과 요새가 든든하여 이름을 떨쳤습니다. 그러나 이제 건국 초기의 팔팔했던 모습은 슬그머니 사라져 버렸습니다. 그런 까닭에 나라 곳곳이 온통 허물어지기 직전의 초가집처럼 엉망진창이 되었다고 율곡은 안타까워합니다.

물론 당시의 성리학적 가르침은 통치의 근간을 이루기에 부족함이 없었습니다. 그러나 무조건 주자학을 맹신하고 하늘처럼 받들어 모시는 바람에 나라는 점차 고리타분해지고 유교 근본주의 세계관으로 빠져들었지요. 주자학을 주문처럼 되뇌이며 남을 정죄하거나 저주하기 일쑤였고, 이를 기회로 삼아 자신이 득세하는 수단으로 삼고자 했습니다. 그러니 마땅히 백성들을 돌아보고 살펴야 하는 유교 본래의 가르침은 말짱 뒷전이었지요. 백성들 또한 제 코가 석자라 먹고 살기에 급급하니, 가르침 따위는 나 몰라라 까맣게 잊어 버립니다. 위아래 할 것 없이 나라가 온통 '갈 데까지 가 보세' 판이라는 말이지요.

이러한 때에 이단이라는 노자의 가르침을 찬찬이 살펴 한글로 토를 달고, 무지렁이 백성들까지 알기 쉽도록 풀이하였던 율곡의 눈썰미와 마음씨가 그저 놀라울 수밖에 없습니다. 마치 온갖 비난을 달게 감수하면서 마땅히 일깨워야 할 바를 선포했던 일종의 종말론적 소명의 예언자를 보는 것 같군요. 어리석은 백성들과 나랏님들은 망하게 될 것이라는 으시시한 메시지는, 실제로 이른바 십만양병설 같은 현실적인 대안 정책으로 이어집니다. 그런데도 이를 새겨듣지 못한 조선은 결국 율곡이 죽고 나자 풍전등화의 위기를 벗어나지 못하고 임진왜란으로 우수수 무너지고 맙니다.

성서에 나타난 이스라엘 역사 또한 하늘의 말씀을 대언하던 예언자의 소리를 한 귀로 듣고 그저 흘려 버립니다. 그러다가 끝내는 바벨론 강가에서 종말을 한탄하며 눈물을 곱씹는 신세가 되었지요. 우리가 살고 있는 이 땅에서 성서를 읽다 보면, 문득 하늘의 도는 이미 오래전부터 우리 삶의 한가운데서 선포되어 왔다는 사실을 새삼 깨닫습니다. 문제는 바로 어리석은 우리이지요. 동과 서를 막론하고, 어제와 오늘 그리고 우리의 앞날을 일깨우는 종말론은 늘 우리 삶을 맴돌고 있습니다. 다만 어리석은 우리의 눈이 어두운데다가 귀마저 꽁꽁 닫혀있어서, 마음조차 온통 우상과 귀신에 홀려버린 셈이지요. 혼이 나가고, 얼이 빠져서, 그저 사람 거죽만 뒤집어쓰고 있었다는 얘기입니다.

그러나 싹둑 잘려진 그 그루터기에서 새로운 앞날의 뿌리를 발견합니다. 한순간의 불더미에 세간살이가 모두 사라져 털썩 주저앉기도 하지만, 다시금 주섬주섬 다잡고 일어나 불처럼 활활 타오르며 우뚝 서는 것처럼 말이지요. 백여 년 전 대한제국 말기, 나랏님이나 배웠다는 양반네들 모두가 세상물정 모른 채 우물안에 갇혀 버벅거리던 때가 바로 그때입니다.

청나라와 러시아 그리고 일본과 미국이라는 강대국 사이에서 오락가락 치마를 들춰 가며 애를 써 보았지만, 갈팡질팡하다가 끝내 힘없이 무너져 버린 가련한 신세였지요. 그리고 이를 물끄러미 하늘에서 굽어보십니다. 이윽고 허물어진 기왓장을 하나하나 뒤적거리시다가 이 민족을 구원할 새로운 그루터기를 찾으셨네요. 상놈들과 백정, 기생들과 고아들을 다독이며 새로운 하나님의 나라를 차곡차곡 준비하는 것이지요.

마치며

오늘 우리는, 온 세상 사람들이 한동네 지구마을로 이웃처럼 가까워진 21세기의 아침을 맞이합니다. 해 아래 새 것이 없다는 말씀이 있습니다.(전1:9) 그런데도 좀처럼 우리는 주어진 진리를 깨닫지 못하고, 비극의 역사를 또 다시 되풀이합니다. 오늘도 여전히 남북으로 나뉘어 총부리를 겨눈 채 버벅거리고 있으니 말입니다. 역사가 우리에게 가르쳐 주는 것은 언제나 어디서나 누구에게나 똑같이 해를 비추시고 골고루 비를 내리시는 하늘의 진리입니다. 그리고 그 진리의 말씀에 기대어 살아가는 이는 복을 누리게 됩니다. 모쪼록 이 민족이 이스라엘의 어리석음을 되풀이하지 말기를 간절히 기도할 뿐입니다. 오늘날 맘몬과 권력에 온통 뒤덮인 자본주의 세상을 살아가는 21세기의 한복판에 우리가 서 있습니다. 마치 '오호라 나는 곤고한 사람이로다 이 사망의 몸에서 누가 나를 건져 내랴.'(롬7:24)라고 부르짖었던 사도 바울의 고백을 그대로 닮았습니다. 그런 까닭에 온누리에 널리 가득한 주님의 귀한 가르침을 내 몸에 새기는 시간이 되길 바라는 마음으로 하나님 말씀과 노자를 나란히 읽어 보았습니다. 두서 없이 붓가는 대로의 모습이라 허물이 있다면 너그러운 마음으로 일러 주시기를 바랍니다. 그리고 모쪼록 이 귀한 하늘 뜻 이루며 살아가는 세상이 되길 두손 모아 빌어 봅니다.